Die Schlammlerchen

Crosbie Garstin

Writat

Diese Ausgabe erschien im Jahr 2024

ISBN: 9789359946344

Herausgegeben von
Writat
E-Mail: info@writat.com

Inhalt

I DIE "FERTS" ....- 1 -

II OTTO ....- 4 -

III AE'S BAD UND BROCK'S BENEFIT ....- 7 -

IV Das unordentliche Chaos ....- 11 -

V KLIMA VORNE ....- 14 -

VI DER PADRE ....- 16 -

VII DER REITMEISTER ....- 22 -

VIII NATIONALHYMNE ....- 26 -

IX PFERDEVERSTAND ....- 29 -

X "übermitteln", die weise es nennt es ....- 33 -

XI UNSER MESS-PRÄSIDENT ....- 37 -

XII LUSTIGE SCHNITTE ....- 41 -

XIII VERLASSEN ....- 44 -

XIV „HARMONIE, HERREN!" ....- 49 -

XV DAS MAULTIER UND DER PANZER ....- 53 -

XVI KRIEGSBEMALUNG ....- 56 -

XVII DIE KRISE DES KRIEGES ....- 59 -

XVIII DAS REGIMENTALMASKOTTCHEN ....- 61 -

VEGETATION DES 19. KRIEGES ....- 65 -

XX EIN FRONTWECHSEL ....- 69 -

XXI ANTONIO GIUSEPPE ....- 73 -

XXII „Ich spioniere" ....- 78 -

XXIII EIN FAUXPAS ....- 84 -

XXIV MON REPOS ....- 89 -

XXV „FLIEG, SANFTE TAUBE" ....- 92 -

XXVI HIN UND ZURÜCK ....- 97 -

XXVII HEISSE LUFT ....- 100 -

XXVIII DER KONVERT ....- 104 -

XIX EINE RUHEKUR ....- 109 -

XXX DIE WEIDEN (I) ....- 114 -

XXXI DIE WEIDEN (II) ....- 119 -

XXXII DIE KAMERA KANN NICHT LÜGEN ....- 124 -

XXXIII LIONEL TRELAWNEY ....- 128 -

XXXIV DIE SPRENGFALLE ....- 132 -

XXXV DIE PHANTOMARMEE ....- 135 -

I

DIE "FERTS"

Als ich klein war, schickten mich meine Eltern auf ein Internat, nicht in der Hoffnung, mir eine Ausbildung zu ermöglichen, sondern weil sie ein ruhiges Zuhause wollten.

In diesem Internat lernte ich einen gewissen Frederick Delano Milroy kennen, einen pummeligen, feuerfarbenen Bengel, der keinen Anspruch darauf hatte, ein Genie zu sein, außer als *Literat* .

Der Anlass, der seinen Ruf als Autor begründete, war ein naturgeschichtlicher Aufsatz. Wir bekamen fünf Blatt Kanzleipapier, zwei Stunden Zeit und unser Thema selbst gewählt. Ich erinnere mich, dass ich mich für den Elefanten entschied, da ich einmal mit einer Tüte Nüsse nett zu einem Elefanten gewesen war.

Frederick D. Milroy überschrieb sein Werk in großen Großbuchstaben mit „Das Frettchen" und begann mit den Worten „Das Frettchen ist ein edles Tier –" Weiter kam er nicht, denn die extreme Noblesse des Frettchens hatte ihn offenbar für dessen sonstige Eigenschaften blind gemacht.

Als ich neulich auf der „Linie" umherwanderte und Boche-Knallen eher mit Geschick als mit Anmut auswich, traf ich Milroy (Frederick Delane) wieder.

Er stand am Eingang eines gemütlichen kleinen, schäbigen Lochs, seine Stiefel und seine Tunika waren offen, und schnüffelte das morgendliche Nitroglycerin. Er war seit unserer Zeit als Schriftsteller ziemlich geschwollen, aber sein Haar war so rot wie immer, und ich hätte es überall erkannt – selbst in der dunkelsten Nacht. Ich tauchte zu ihm und seinem Loch, stieß ihn hinein und stellte mich erneut vor. Er erinnerte sich noch gut an mich, schüttelte meine Frostbeulen herzhaft und lud mich weiter unter die Erde zu einem Tee und einem Gespräch ein.

Es war ein schönes Loch, eng und feucht, aber sehr tief, und da oben die Boche-Liebesbeweise dröhnten, hatte ich das Gefühl, je näher Australien, desto besser. Aber die Ratten! Noch nie habe ich Ratten in solchen Mengen gesehen; Sie strömten ungehindert durch den Unterstand, kramten in den Schränken, spielten im Schatten Kuss im Ring und sangen und heulten hinter der alten Eichenvertäfelung, bis man sich kaum noch schreien hörte. Ich mag Tiere, aber ich mag es nicht, meinen Tee mit einem kahlköpfigen Nagetier zu teilen, das in seinen Tassen laut wird, oder wenn ein paar übermütige

Jugendliche auf meinem Brot und Brot um den Bezirksmeister ringen - Butter.

Freddy entschuldigte sich für sie; Er hatte Angst, dass sie ein wenig über sich hinauswuchsen, aber sie waren selten gefährlich, selten griffen sie jemanden ohne Grund an. „Leben und leben lassen" war ihr Motto. Trotzdem bekamen sie manchmal ein Trifle *de trop* ; er selbst hatte die Beherrschung verloren, als er eines Morgens aufwachte und feststellte, dass eine muskulöse Ratte auf seinem Gesicht saß und fälschlicherweise seine Schnurrhaare mit seinen eigenen kämmte (ein verzeihlicher Fehler im Dunkeln); und da er entschlossen war, ihnen eine Lektion zu erteilen, hatte er an seinen alten Freund, den edlen Fert, gedacht. Deshalb schickte er zwei der Besten nach Hause.

Die Frettchen kamen zu gegebener Zeit an, erhielten die Namen Burroughs und Welcome, wurden gesegnet und freigelassen.

Sie hatten eine harte Reise am Boden des Postsacks hinter sich und suchten Ärger. Ein alter Gauner schlenderte aus seinem Club, um zu sehen, was der ganze Lärm zu bedeuten hatte, und bekam die Aufregung, die er brauchte. Sieben Freunde kamen zu seiner Beerdigung und lächelten nie wieder. An diesem Abend herrschte in dieser unterirdischen Messe große Freude; Burroughs und Welcome wurden mit Rinderhack und Kondensmilch gefeiert und zu Ehrenmitgliedern ernannt.

Drei Tage lang ging die gute Arbeit weiter; in den Schränken wurde geweint und hinter der alten Eichentäfelung wurde mit den Zähnen geknirscht. Dann, am vierten Tag, verschwanden Burroughs und Welcome, und die Ratten schwärmten wieder in ihr Haus. Die Deserteure wurden eine Woche später gefunden; sie hatten sich durch ein System von Rattenlöchern in den nächsten Unterstand geschlängelt, der von den Atkinses bewohnt wurde, und waren dort als Ehrengäste geblieben.

Es liegt in der Natur des britischen Atkins, alles zu seinem Haustier zu machen, von der Kröte bis zum Spanferkel – er kann nicht anders. Die Geschichte über St. George, den Doyen der britischen Soldaten, der diesen Drachen tötete – Unsinn! Er hätte ihn vielleicht verprügelt, bis er versprach, sich zu bessern, ihm dann eine Zigarette gegeben und ihn mit nach Hause genommen, um die Kinder zu unterhalten. Um auf unsere Frettchen zurückzukommen: Burroughs und Welcome bildeten keine Ausnahme von der Regel; sie wurden gelehrt, aufrecht zu sitzen und zu betteln, sich hinzulegen und zu sterben, Handstandüberschläge zu machen und Mundharmonika zu spielen; sie wurden mit Maconochie, Pflaumenmarmelade und Rumration vollgestopft; es war fraglich, ob sie jemals nüchtern zu Bett gingen. Unzählige Male wurden sie in die Offiziersmesse zurückgebracht und ermahnt, ihren Teil zu tun, aber sie kehrten sofort zu ihren Freunden, den Atkinses, zurück, auf ihrem Privatweg, da sie nicht unnatürlicherweise ein Leben des ständigen Gelages und Varietés zwischen den Fleischtöpfen dem Auslaugen und Graben in nassen Rattenlöchern vorzogen.

Freddy war der Meinung, dass Burroughs und Welcome, wenn das Bataillon Unter den Linden hinaufmarschierte, als Regimentsmaskottchen dabei sein würden und hinter der Kapelle marschieren würden, mit Glöckchen an den Fingern und Ringen an den Zehen. Er versicherte mir auch, dass das Adjektiv „edel" nicht so prominent erscheinen würde, wenn er jemals wieder einen Aufsatz über das Fert und seine Eigenschaften schreiben müsste.

II

OTTO

Vor langer, langer Zeit sorgten Frobisher und ich mit Hilfe einer Handvoll einheimischer Soldaten dafür, dass die Flagge in M'Vini wehte.

Bei Sonnenaufgang hievten wir es auf die Spitze eines Baumes, wo es liegenblieb und seine Fetzen träge über Meilen des zentralafrikanischen Busches flatterte, bis wir es zum Sonnenuntergang wieder herunterzogen – ein mühsames Leben. Nachdem wir etwa sechs Monate bei M'Vini waren, alles gedreht hatten, was es wert war, gedreht zu werden, und die lustigen Geschichten des anderen auswendig kannten, langweilten Frobisher und ich uns gegenseitig und hassten sogar den Anblick, die Geräusche und die bloße Nähe des anderen , und wir schlossen uns in unseren getrennten Hütten ein und kommunizierten nur bei Gelegenheiten der dringendsten Notwendigkeit und dann durch die knappsten offiziellen Notizen. So zogen sich weitere drei Monate hin.

Dann kam eines glühend heißen Nachmittags Frobishers Junge mit einem Zettel zu meinem Klecks.

„Besucher, der sich von Südwesten näherte, standen wie eine Maikönigin auf; ich glaube, es muss der Kaiser sein. Leihen Sie mir eine Flasche Whisky und stellen Sie eine Wache auf – ich muss den Mistkerl beeindrucken."

Ich gab dem Boten meine letzte Flasche Scotch und machte mich auf den Weg, um Wache zu stellen, was keine leichte Aufgabe war, da die Armee ins Nachbardorf gefahren war, um einen Geburtstag zu feiern. Allerdings entdeckte ich einen verbliebenen Soldaten, der im Schatten eines Mispelbaums lag. Er war krank – im Sterben, versicherte er mir; aber ich überredete ihn, sein Ableben um mindestens eine halbe Stunde hinauszuzögern, forderte seinen Arzt (den örtlichen Medizinmann) und zwei Marketenderinnen an, ließ meinen Kochjungen zurück, um sie zu bedienen, und eilte zu meiner Hütte, um meine eigene Toilette zu machen. Fünf Minuten später sah ich durch die Rohrmatten, dass unsere Besucher angekommen waren.

Ein spritziger deutscher Offizier in voller Galamontur (mit weißen Handschuhen und allem) ritt auf einem Maultier vor unserem Lager umher und versuchte herauszufinden, ob es bewohnt war oder nicht. Wir ließen ihn eine Viertelstunde lang kreuzen, ohne irgendwelche Schritte zu unternehmen, um ihn aufzuklären. Dann kam Frobisher auf ein Signal hin aus seiner Hütte, aufgetakelt in jede nur erdenkliche Zierde, und ich warf die improvisierte Wache hinaus. Ein mitreißendes Schauspiel; und es hatte die gewünschte Wirkung, denn der Deutsche gab hinterher zu, tief beeindruckt gewesen zu sein, besonders von dem einheimischen Zauberer, der in seiner Berufsmontur paradierte, sich mit seinem Gewehr in die Quere kam, sich selbst mit dem Bajonett durchbohrte und bitterlich weinte. Nachdem die Zeremonien vorüber waren und der Verletzte abtransportiert worden war, begaben wir uns zu Frobishers Kya , stießen den Whisky an und saßen in feierlicher Haltung herum, steif von seinen Ornaten und schweißgebadet . Unser Besucher lasse die Rot-Weiß-Schwarz-Fahne an einem Baum jenseits der Grenze wehen, erklärte er; dies war sein jährlicher zeremonieller Besuch. Er seufzte und wischte sich mit den Spitzen eines weißen Handschuhs den Schweiß von der Nase – „Das Wetter war warm, *nicht wahr* ?" Ich gab zu, dass wir uns selbst mit dem Fahnenhissieren beschäftigten und dass das Wetter alles war, was er dafür angab (was mich etwa vier Pfund an Gewicht kostete). Mit hängenden Zungen und bebenden Flanken diskutierten wir über die Hüttensteuer, die Melonenernte, den Erdnussmarkt, den Nigger – und wieder über das Wetter.

Plötzlich sprang Frobisher auf, löste die Fesseln seines Sam Browne, schleuderte ihn in eine Ecke und begann an den Haken seiner Tunika zu reißen. Ich starrte ihn erstaunt an – solche Manieren gegenüber Besuchern! Aber unser makelloser Gast sprang mit einem Brüllen wie ein befreiter Löwe auf, zog seine weißen Handschuhe aus und schleuderte sie dem Sam Browne hinterher, woraufhin wir uns in einem wilden Entkleideprozess über uns stürzten. Helme, Gürtel, Tuniken und Hemden wurden in der Ecke aufgestapelt, bis wir schließlich in unserer Unterwäsche dastanden, lachend und ohne Scham. Danach verstanden wir uns prächtig, der Teutone und wir, und drei Tage später, als er auf sein Maultier stieg und nach Hause ging (diesmal im Pyjama), winkten wir ihm mit aufrichtigem Bedauern zum Abschied.

Aber nicht lange. Innerhalb eines Monats wurden wir von einem Hagel aus dem Busch überrascht, und da war Otto mit Maultier, Pyjama und allem.

„Hallo, hallo, hallo!", sang er. „Die Sherman-Invasion hat begonnen! Brennt die Wache aus!" Er brüllte vor Lachen, fiel von seinem Zelter und brüllte nach seinem Burschen, der heranschlenderte und eine quadratische Schachtel auf seinem wolligen Schädel balancierte.

Seine Mutter in München habe ihm eine Kiste Lion Brew geschickt, also habe er sie mitgebracht, erklärte Otto.

Wir segelten bis tief in die Nacht hinein und auf der anderen Seite wieder hinaus, und wir mochten unseren Otto mehr als je zuvor. Wir hatten viel gemeinsam, dieselbe Einsamkeit, dasselbe Fieber, dasselbe Klima und dieselben Nigger, mit denen wir zu kämpfen hatten; außerdem war er in England gewesen und mochte es; er rauchte Pfeife, er wusch sich. Außerdem, wie er uns in den frühen Morgenstunden eines Morgens heimlich anvertraute, hatte er seine Zweifel an der Göttlichkeit des Kaisers und war nicht ganz davon überzeugt, dass Richard Strauss die Sphärenmusik komponiert hatte.

Er war ein schlechter Hunne (was wahrscheinlich seine Anwesenheit am äußersten, heißesten Rand des Herrschaftsgebiets des Allerhöchsten erklärte), aber ein guter Kerl. Jedenfalls mochten wir ihn, Frobisher und ich; mochten sein stures Gelächter, seine Trinklieder und vollblütigen Anekdoten, und bei seinen häufigen Besuchen verdrängten sie unsere Langeweile, gaben vor, auf dem allerliebsten Fuß zu stehen, und lachten sogar lauthals über die lustigen Geschichten des anderen. Oben in M'Vini, in der längst vergangenen Zeit, wurden das Schimmern der Pyjamas zwischen den Mispeln und das Dröhnen von „'Ere gomes ze Sherman invasion!" durch das Gebüsch zu einem Zeichen allgemeiner Wohlwollens.

Nach einiger Zeit ging Otto auf Urlaub nach Hause und kurz darauf brach die Welt zusammen.

Und jetzt habe ich ihn wieder getroffen, einen durchnässten, schlammigen, blutigen, geschrumpften, traurigen Otto, der in der Obhut eines kanadischen Unteroffiziers durch einen Schneesturm hinkte. Er sei der Überlebende einer Nachhut gewesen, erklärte der Kanadier, und sei „wie ein Haufen Wildkatzen umhergerannt", bis er von einem Gewehrkolben bewusstlos geschlagen worden sei. Was Otto selbst betrifft, hatte er nicht viel zu sagen; er sah alt, kalt, krank und unendlich angeekelt aus. Er war schon immer ein armer Hunne gewesen.

Nur ein einziges Mal zeigte er einen Schimmer seiner alten Form jener alten heißen, glücklichen Pyjama-Tage am Äquator.

Ein Haufen Gefangener – Jäger, Grenadiere, Ulanen, was auch immer – trottete die Straße entlang, eine ungeschorene, zerzauste Herde von Halsabschneidern, angetrieben von einem Paar winziger Kilties, die gelegentlich innehielten, um ihnen ein paar Würge zu gönnen und zu johlen triumphierend.

Otto betrachtete seine gefallenen Landsleute mit angewiderten, glanzlosen Augen und drehte sich dann mit einem Hauch seines alten Lächelns zu mir. „„Ere gomes ze Sherman Invasion"', sagte er.

III

AE'S BAD UND BROCK'S BENEFIT

Ich habe noch nie einen Kiltie-Zug durch den kalten Brei aus Schnee und Matsch waten sehen, aus dem unsere Front früher bestand, aber ich habe mit meinem französischen Freund gesagt: „ *Mon Dieu les currents d'air!* " und danke dem Schicksal, dass ich gehören einer Rasse an, die ihre Nationaltracht für Kostümbälle reserviert.

Es ist sehr gut für MacAlpine von Ben Lomond, der sein Haggis gejagt und roh verschlungen hat, der sich lieber auf Disteln niederlässt und sein eigenes Fell wachsen lässt; Aber es ist sehr hart für Smith of Peckham, der sich ohne eigenes Verschulden in einem Highland-Regiment wiederfindet und versucht, seine Hemdschöße so zu gestalten, wie es zuvor seine Hosen getan haben. Aber die echte Heidekrautmischung, doppelt destilliert, ist ein zäher Vogel mit anderen Vorstellungen als *unsere anderen* darüber, was kalt ist, und auch darüber, was heiß ist. Erleben Sie die schwierige Erfahrung unseres Albert Edward.

Unser Albert Edward und eine Hunnen-Gewehrgranate kamen zur gleichen Zeit am selben Ort an, vermischten sich und gingen zur Basis, um gesiebt zu werden. Im Laufe der Zeit kam ein Telegramm von unserem Albert Edward, in dem er sagte, er habe die Granate aus seinem System geholt und befinde sich in diesem Moment am Gleiskopf; Wollten wir ihm ein Pferd schicken oder nicht?

Emma wurde für den Job abkommandiert, was ein Fehler war, denn Emma war nicht das Reittier für einen Mann, der seit fünf Monaten im Krankenhaus immer weicher wurde. Sie hatte nur zwei Gänge in ihrem Reithelm, einen Schritt, der einen von den Ohren bis zur Kruppe auf und ab auf ihrem Rücken wirbelte, und einen Trab, bei dem einem die Zähne locker wurden und die Knöpfe der Tunika klapperten. Sie fuhr jedoch zum Endbahnhof, und Albert Edward bestieg sie, legte die Kupplung in den ersten Gang und raste die zehn Meilen zu unserem Lager hinaus. Er kam schneebedeckt und so steif an, dass wir ihn herunterheben mussten, so wund, dass es eine Farce war, ihm einen Stuhl anzubieten, und deshalb musste er seinen Tee vom Kaminsims nehmen.

Wir empfahlen einen Besuch bei Sandy. Sandy war der Händler für heiße Bäder. Er lauerte in einer dunklen Scheune am Ende des Dorfes und konnte dort zu jeder Tageszeit angetroffen werden, wie er über den schwarzen Kesseln brütete, in denen die Bäder gebraut wurden. Sein Tam-o'shanter hing über einem Auge, Dampf kondensierte auf seiner blauen Nase.

Theoretisch waren die heißen Bäder kostenlos, aber in der Praxis stellte sich heraus, dass ein Franc, den man in Sandys Vorderpfote drückte, eine starke wärmende Wirkung auf das Wasser hatte.

So ging unser Albert Edward auf allen Vieren das Dorf entlang und stöhnte wie eine holländische Brigg auf hoher See. Er kroch in die dunkle Scheune, zahlte, da er kein Kleingeld hatte, einen Zwei-Franc-Schein auf die Vorderpfote und erzählte Sandy von seiner schrecklichen Steifheit. Seine Beredsamkeit und das doppelte Honorar brachen Sandy das Herz. Mit großen Tränen in den Augen versicherte er Albert Edward, dass die größtmöglichen Ressourcen seiner Erfahrung und seines Establishments in seinem (Albert Edwards) Namen mobilisiert werden sollten, und führte ihn zärtlich in die verborgene Kammer, die aus Abschirmgittern bestand und den Offizieren vorbehalten war. Albert Edward schälte sich vorsichtig aus seinen Kleidern und Sandy kehrte zu seinen Kesseln zurück.

Nachdem das Peeling abgeschlossen war, saß Albert Edward im Luftzug der Innenkammer und wartete auf das Bad. Die äußere Kammer war mit Rauch gefüllt und die Flammen schlugen sechs Fuß über die Kessel; Aber jedes Mal, wenn Albert Edward nach seinem Bad rief, flehte Sandy um eine weitere Minute Gnade.

Schließlich konnte Albert Edward die Zugluft nicht länger ertragen und befahl Sandy unter Androhung eines Kriegsgerichts- und Todesurteils, das Wasser zu bringen, ob heiß oder nicht.

Daraufhin brachte Sandy widerstrebend seine Eimer mit und leerte sie, murrend darüber, dass weder seine Erfahrung noch sein Establishment eine faire Chance gehabt hatten, in die Wanne. Albert Edward trat ohne weitere Bemerkung ein und setzte sich.

Den Rest der Geschichte erfuhr ich von meinem Stallburschen und Landsmann, die zusammen mit etwa hundert anderen Leuten gerade die Wannen in der Außenkammer besuchten. Er erzählte mir, dass sie plötzlich „ein Heulen wie von einem Mann hörten, der von einem tollwütigen Hund gebissen wurde“, und über den Wandschirm der Innenkammer kam unser Albert Edward in seinem Geburtstagskleid. „Er nahm es gelassen hin, Sor, und rannte drei Runden um das Badehaus und verfluchte dabei, wie er den Teufel verdorren lassen würde“, sagten mein Stallbursche und Landsmann; „dann rannte er aus der Tür in den Schnee und legte sich hinein.“ Er erzählte mir auch, dass Albert Edwards Auftritt bei den anderen Badenden große Aufregung verursacht hatte, und sie fragten Sandy nach der Ursache; aber Sandy schüttelte seinen Tam-o'shanter und konnte es ihnen nicht sagen; er hatte nicht die leiseste Ahnung. Das Wasser, das er Albert Edward gegeben hatte, war kaum kochend heiß, sagte er; kaum kochend heiß, kaum ein Päckchen Senf darin aufgelöst.

Unser Albert Edward nimmt immer noch seine Mahlzeiten vom Kaminsims.

* * * * * * * *

Ich habe gestern meinen Freund, den französischen Batteriekommandanten, getroffen. Er galoppierte mit einer auffälligen Fuchsstute über den Rasen und summte laut eine Melodie. Er sah sehr fit und sehr verliebt in die Welt aus. Ich fragte ihn, was er damit meinte. Er antwortete, dass er nicht anders könne; alle schlossen sich zusammen, um ihn glücklich zu machen; sein CO war in eine Waffengrube gefallen und hatte sich ein Bein gebrochen; er hatte von seinem Lieblingsfeind zweihundert Francs gewonnen; er hatte ein Juwel von einem Koch entdeckt; Und dann war da noch immer der Boche, der absolut unbezahlbare, absolut lächerliche, schreiend lustige kleine Boche. Die Boche war, richtig ausgenutzt, eine wahre Quelle der Freude. Er fürchtete das Ende des Krieges, versicherte er mir, denn eine Welt ohne Boches wäre ein Salat ohne Dressing.

Ich erkundigte mich, wie sich der Erzhumorist in letzter Zeit übertroffen hatte.

Der Kapitän ließ seine Kastanie an meinem Braunen vorbeigleiten, kicherte und erzählte mir alles darüber. Offenbar wurde er in einer nassen Nacht von der Infanterie angerufen, um ihm zu sagen, dass der benachbarte Hunne eine seltsame Angelegenheit im Schilde führte und er sich bitte für einen Sperrschuss bereithalten würde.

Was für ein lustiges Geschäft hatte der Hunne denn da gemacht?

Oh, über dem Weg war eine Rakete hochgegangen, und sie dachten, es sei ein Signal für irgendeinen Schrecken.

Er stand eine halbe Stunde lang da und ging dann, als nichts geschah, zurück. Zehn Minuten später meldete sich die Infanterie erneut. Mehr lustiges Geschäft; Drei Raketen waren hochgegangen.

Er wartete eine Stunde lang ergebnislos, dann suchte er wieder seine Koje auf und verfluchte alle Männer. Verdammt sei die Infanterie, die wegen einer oder zwei Raketen die Sprünge macht! Verdammt sei sie zweimal! Dann glühte ein Funke der Inspiration in ihm, glühte und flammte hell. Wenn sein erhabener Poilus wegen einer Handvoll Raketen die Nerven aufregte, wie viel mehr würde es dann dem sich verschlechternden Boche gelingen?

Er gurgelte glücklich, wischte sich die Ratten von der Brust und die Käfer aus dem Gesicht, drehte sich um und schlief ein. Am nächsten Morgen schrieb er einen Brief an seine „Patin" in Paris („ *uné petite femme, très intelligente, vous savez* "), und zehn Tage später kamen ihre Pakete herein. Am ersten Abend (Montag) gab er eine bescheidene Show, bei der alle fünf Minuten rote und weiße Raketen zu grünen Sternen explodierten. Dienstagabend wieder Raketen, dazwischen ein paar Feuerräder. Mittwochabend Feuerräder und Goldregen, und so ging es weiter bis zum Ende der Woche, als sie mit einer großen Sonderattraktion und einem All-Star-Programm abschlossen, mit Zündhütchen, Feuerrädern, römischen Lichtern, Federn des Prinzen von Wales, die in einem blendenden, zischenden Trommelfeuer aus bunten Raketen endeten, und „Gott segne unser Heim" in goldenen Sternen.

„Alles sehr schön", sagte ich, „aber was waren die Ergebnisse?"

„Genau das habe ich erwartet. Gestern kam ein Deserteur herüber, der das alles durchgemacht hatte und nicht vorhatte, das noch einmal durchzumachen. Sie hätten ordentlich Wind bekommen, sagte er, hätten seit einer Woche kein Auge zugetan. Seine Offiziere hätten sich kahl gekratzt, während sie versuchten zu erraten, worum es ging. Alle Dienstgrade standen ununterbrochen, bis zur Hüfte im Schlamm, steif gefroren und halb ertrunken, während meine tapferen kleinen Schurken von *Poilus* , wohlgemerkt, in ihren Unterständen schliefen und der einzige Mann im Dienst der Junge war, der die Feuerwerkskörper zündete. O mein Freund, man kann viel unschuldigen Spaß aus dem Boche herausholen, wenn man ihm nur eine Chance gibt!"

IV

DAS UNORDENTLICHE CHAOS

Unsere Messe befand sich auf dem Gipfel eines Bergrückens und bot einen uneingeschränkten Ausblick auf meilenweit rollende Schlammlawinen. Sie sah aus wie eine Verpackungskiste, die auf einem Ozean aus Schlamm schwimmt.

Wir und unsere Bediensteten, unsere Ratten und unsere Kakerlaken und unsere anderen Busengefährten schliefen in Zelten, die rund um die Kantine aufgestellt waren.

Das ganze Lager war mit der Außenwelt durch einen Pfad aus Munitionskisten verbunden, der wie Trittsteine ausgelegt war. Wir gingen hin und her und sprangen von Kiste zu Kiste, wie die Gämse von Alpe zu Alpe springt. Wenn man den Sprung verfehlte, gab es einen Schlammwirbel, ein schluckendes Geräusch, und das war das Ende für einen. Die trauernden Kameraden verschütteten ein wenig Chlorkalk über der Stelle, an der man zuletzt gesehen worden war, meldeten einen als „vermisst" und schickten einen an einen anderen Leutnant (oder Feldmarschall, je nach Fall).

Unsere Kantine bestand aus lose aufeinandergestapelten Granatenkisten und hatte einen Blechdeckel. Wir stahlen die Zutaten Kiste für Kiste und bauten das Haus mit unseren eigenen Händen auf, sodass wir es mit elterlicher Liebe liebten; aber es hatte seine kleinen Nachteile. Immer wenn die Feldkanonen in unserer Nachbarschaft feuerten, klapperte der Blechdeckel wie wild und die Granatenkisten prallten überall gegeneinander. Es war durchaus möglich, unsere Kantine am frühen Morgen streng gotisch zu verlassen und am taufrischen Abend wiederzukommen und sie im verwegenen Rokokostil vorzufinden.

William, unser Transportoffizier und Kantinenpräsident, rief unaufhörlich und zu unpassenden Zeiten allen Mann an Deck zu, damit sie das Haus retten und wieder in Schuss bringen. Wir waren Hausbesitzer im wahrsten Sinne des Wortes.

Vor dem Krieg, so versichert uns William, sei er ein aufgeweckter junger Mann gewesen, der immer einen lustigen Spruch auf Lager hatte und lustigen Scherzen nachging und der Mittelpunkt jeder Party war. Doch durch die Verrenkungen in der Messe und die Launen der Transportesel sei er zu einem traurigen Mann geworden.

Zwischen ihnen – den Maultieren und der Messe – konnte er nie eine ganze Nacht im Bett verbringen; entweder hatten die Maultiere schlechte Träume, schlafwandelten in seltsame Reihen und wurden verabscheut, oder die Feldgeschütze waren im Einsatz und die Messe war außer sich. Wenn Hans, der Hunne, nicht der perfekte kleine Gentleman gewesen wäre, der er ist, und irgendwo in unserer Nähe eine Granate abgeworfen hätte (anstatt eifrig einen entfernten Bergrücken zu beschießen, wo nie jemand war, ist oder sein wird), wäre unsere Messe mit Tyros und Sidon zusammengewesen; aber Hans vergaß sich keinen Moment; wir misstrauten unserer eigenen Seite. Den Heavies zum Beispiel. Die Heavies brachten sich mühsam in Position hinter unserem Hügel, verkleideten sich als Stachelbeersträucher und vermittelten den Eindruck des Untergangs um 2 Uhr morgens an einem verschneiten Morgen.

In unserer Messe begann sofort der Veitstanz, und William pfiff die Pfeife aller Mann an Deck.

Der Kapitän, malerisch gekleidet in Stiefel (Gummistiefel, hoch) und Ziegenfell, warf sich auf den Ostflügel und wurde zu einem lebhaften Stützpfeiler. Albert Edward kletterte hinauf und setzte sich auf den Blechdeckel, der sich in jeder Pore öffnete und schloss. Mactavish legte seine Schulter an die Südwand, um zu verhindern, dass sie sich nach Norden drehte. Ich klammerte mich an die Speisekammer, die sich von ihrem Hauptstamm löste, während William überall hin und her rannte, Ratschläge gab und über Dinge fiel. Das Chaos breitete sich schnell durch alle Architekturstile aus, von einer chinesischen Pagode bis zu einem Schweizer Châlet, und war kurz davor, sich mit einem spanischen Schloss zu verwechseln, als die Heavies ihren Hass abschalteten und zu Bett gingen. Und keine Sekunde zu früh. Einen Moment später hätte ich die Speisekammer fallen lassen sollen, Albert Edward wäre seekrank geworden und der Kapitän hätte den Ostflügel nach Westen gehen lassen.

Wir brachten das Chaos wieder in Ordnung und gingen hinein, um etwas aufzustecken und uns zu beraten. Am nächsten Abend besuchte William den Kommandeur der Heavies und lockte ihn zum Essen. Wir bewirteten ihn mit Musik und Grammophon und erklärten ihm die Situation. Der Lord of the Heavy, ein charmanter Kerl, brach fast in Tränen aus, als er von dem Bösen hörte, das er uns unwissentlich angetan hatte, und wurde um 1.30 Uhr von William nach Hause geführt, wobei er schwor, seine höllischen Maschinen zurückzuziehen oder sie zu Pflugscharen zu schmieden Den nächsten Tag. Schon in der nächsten Nacht verlor unser Chaos ohne jede Vorwarnung das Gleichgewicht, setzte sich krachend auf den Boden und lag auf etwa einem Viertel Hektar Land verstreut da. Wir gingen alle hinaus und begutachteten kläglich die Ruinen. Was hatte es bewirkt? Wir konnten es nicht erraten. Die Feldgeschütze hatten sich verabschiedet, die Schweren waren woanders hingegangen. Hätte Hans, der Hunne, keinen Fehler machen und uns beschießen können? Niemals! Es war ein Rätsel; Also erhoben wir alle unsere

Stimmen und jammerten um William. Er war Messepräsident; es war natürlich seine Schuld.

In diesem Moment brach William aus der Nacht hervor, indem er sein Zelt vor sich her trieb, indem er es mit einem Hammer zertrümmerte.

Laut William befand sich im Zelt ein gewisser „Sunny Jim", ein morbides Transportmaultier, der für die Antriebskraft sorgte. „Sunny Jim" war schon immer so etwas wie ein Schlafwandler gewesen, und dieses Mal war er schlafwandelnd durch unsere Messe und in Williams Zelt gegangen, wo ihn der Hammer aufgeweckt hatte. Dann machte er sich auf den Weg nach Hause zu seinen Leinen, beschleunigt durch William und den Hammer.

Jetzt sind wir also sauber, kauern zitternd in Zelten und reden voller Zuneigung über die guten alten Zeiten unter unserem guten alten Blechdach, über den wundervollen Blick auf den Schlamm, den wir aus unserem Fenster hatten, und über die heimelige Melodie, die unsere Granatkästen spielten, wenn sie in stürmischen Nächten aneinander geprallt sind.

Und manchmal, wenn wir zitternd in unseren Zelten hocken, hören wir ein seltsames Geräusch, das sich von den Leinen bergauf schallt. Es sind die Maultiere, die lachen.

V

KLIMA VORNE

Wenn es einen Mann in Frankreich gibt, den ich nicht beneide, dann ist es der GHQ-Wetterprophet. Ich kann mir den unglücklichen Zauberer vorstellen, der in seinem Schreibtisch sitzt und in einen Kristall blickt, *den Almanach des alten Moores* in der einen Hand, ein Stück Seetang in der anderen, und versucht zu erraten, welche Streiche das Wetter als nächstes schmieden wird.

Denn es gibt nichts, was dieses Klima nicht kann. Als Verwandlungskünstler steht er für *sanspareil* (französisch) und *nulli secundus* (lateinisch).

Und jetzt scheint es den Frühling völlig verloren zu haben. Der Sommer ist mit großen Schritten gekommen. Gestern überschwemmten die Dienstwagen einen mit Schlamm, als sie vorbeirasten; Heute ersticken sie einen mit Staub. Gestern haben die Behörden Vorsichtsmaßnahmen gegen Erfrierungen erlassen; Heute erlassen sie Vorsichtsmaßnahmen gegen Sonnenstich. Dennoch beschweren wir uns nicht. Es wird viel Sonnenschein brauchen, um uns zu töten; Es gefällt uns, und es macht uns nichts aus, es auch zu sagen.

Das BEF hat seine Handschuhe, Jacken und das Walöl aus ihm geworfen, ist aus seinen unterirdischen Höhlen ins Freie aufgetaucht, und in jedem Wald ist über Nacht eine Pilzstadt aus Biwaks entstanden. Hier und da haben Hobbygärtner Blumenbeete vor ihren Zelten angelegt; Einer meiner Korporale pflegt ein paar Radieschen in einer Munitionskiste und redet stundenlang über die Ernteaussichten. Mein Feldwebel hat zwei Palmenpflanzen in den Ruinen eines Glashauses im Schloss gefunden und hat sie nun als Wache vor seinem Biwakeingang stehen lassen. Nach dem Abend im Stall sitzt er zwischen ihnen, raucht seine Pfeife und stellt sich vor, wieder auf Sansibar zu sein; er erwarte, dass die Kokernüsse etwa im August kommen, erzählt er mir.

Der Sommer ist gekommen und an jedem Hang grasen Herden wintergekleideter Jagdpferde und Transportmaultiere. Letzteren ist das neue Gras in die Köpfe gestiegen, und sie stellen sich ständig zur Schau, tummeln sich wie plumpe Lämmer und brüllen vor unheiligem Gelächter. Der Sommer ist gekommen und mein Bräutigam und Landsmann hat wieder angefangen zu pfeifen, ein sicheres Zeichen dafür, dass der Winter vorbei ist, denn erst im Sommer versöhnt er sich mit dem Krieg. Der Krieg, gibt er zu, eignet sich sehr gut als leichte Gentleman-Abwechslung in den müßigen Monaten, aber mit dem ersten gelben Blatt wird er unruhig und deutet indirekt an, dass sowohl wir als auch die Pferde viel besser mit der wirklich ernsten Aufgabe beschäftigt wären, das Kleine zu zeigen Füchse haben auf unserer eigenen grünen Insel Sport getrieben. „Dieser Paddy", sagt er und gibt dem Braunen eine Ohrfeige, „er wünscht sich, er wäre zurück in der Grafschaft Kildare, er tut es, das weiß die Liebe. Pegeen auch, wenn sie das Geschrei des Hundes hören würde." „Auf sie aus den Zwingern dahinter in Jigginstown fiel sie tot nieder, voller Freude, und das ist das richtige Wort", sagt er und überreicht der kastanienbraunen Dame einen schmutzigen Armeekeks. „Och Musha, die armen, dummen Kreaturen", sagt er und seufzt.

Doch Summer ist angekommen, und durch den Klang seines fröhlichen Pfiffs, der „Flannigans Hochzeit" in den frühen Ställen schrillt, verstehe ich, dass sich die Pferde wieder beruhigen und wir mit dem Kampf fortfahren können.

Wenn mein Bräutigam und Landsmann kein Befürworter des Krieges als Wintersport ist, ist unser Mr. Mactavish dagegen der genau entgegengesetzten Meinung. „Krieg", murmelte er mir gestern verträumt zu, als wir auf dem Rücken unter einem sich ausbreitenden Sonnenschirm aus Apfelblüten lagen und zusahen, wie sich unsere Truppenpferde im jungen Klee wie Schweine aufführten – „Krieg! Erwähne das Wort mir gegenüber nicht. Maidenhead, Canader, Kissen, Zigaretten, das einzige Mädchen auf der Welt, das die ganze schwere Paddelarbeit macht – das ist das Spiel im guten alten Sommer. Kommen Sie im Oktober wieder vorbei, und ich werde mich um Ihren alten Krieg kümmern." Es ist ein Glück, dass diese Herren keine höheren Positionen als die eines einfachen Soldaten und eines Leutnants innehaben, sonst würden sie zusammen den Krieg ganz beenden und wir wären alle arbeitslos.

VI

DER PATER

Sie haben es alle in der jüngsten VC-Liste gesehen: „Reverend Paul Grayne, Militärgeistlicher, für herausragende Tapferkeit und galantes Vorbild angesichts verzweifelter Umstände."

Sie alle haben ihn sich vorgestellt: den Beau Ideal des muskulösen Christen, den kämpfenden Pfarrer, 4,53 Meter groß, furchterregend in Schwung und Gliedmaßen, mit goldener Mähne und griechischem Profil; einen Pekinesen im Salon, eine Bulldogge in der Arena; eine Art Heiliger Franziskus mit einer Prise John L. Sullivan – und all das.

Doch wir, die wir Helden kennengelernt haben, wissen, dass es sich nur sehr selten um Helden handelt, die die Unsterblichkeit einer Ansichtskarte erreichen.

Der tapfere Kerl mit den perlmuttfarbenen Zähnen, den lila Augen und den lockigen Wimpern ist C3 bei Lloyd's (Sir Francis) und man kann ihn zweimal täglich im Frivolity hören, wo er den verzückten Flappern „My Goo-goo Girl from Honolulu" singt; der Junge hingegen, der Fritzie D. Hun in die Seile zwingt und auf Zeit kämpft, ist normalerweise mit O-Beinen, Sommersprossen, einem verbeulten Rüssel und einer Frisur im Stil eines Rauhaarterriers gesegnet.

Der Reverend Paul Grayne, vc, zeitweiliger Vikar von Thorpington Parva in der Grafschaft Hampshire, war keine Ausnahme von dieser Regel. Ästhetisch war er ein Schandfleck in der Landschaft; unter allen Helden, die ich getroffen habe, habe ich nie einen gesehen, der weniger heroisch geformt war.

Er war etwa 1,50 Meter groß und wog 45 Kilo. Er hatte ein sanftes, kinnloses Gesicht, und seine lange Hakennase, die großen runden Brillengläser und die Angewohnheit, beim Sprechen den Kopf zur Seite zu neigen, verliehen ihm das Aussehen eines intelligenten kleinen Vogels.

Ich erinnere mich noch sehr gut an unser erstes Treffen. Ich war eines Nachmittags in meiner Truppenlinie und beschimpfte einen Hufschmied, als ein lautes Wiehern auf der Straße ertönte und ein schwarzer Junge, der einen schwach protestierenden Padre auf seinem fetten Rücken trug, durch das Tor trabte, auf die Linie zukam und anfing, „Wie geht's?" mit meinen Haarigen zu tauschen. Der kleine Padre legte den Kopf schief und entschuldigte sich aus jeder Pore.

Er habe nicht stören wollen, zwitscherte er. Peter habe ihn gebracht. Es sei Peters Schuld. Peter sei sehr exzentrisch.

Bei Peter handelte es sich, so schloss ich, um den dicken Jungen, der sich inzwischen in die Reihen eingemischt hatte und an einem Heunetz riss, als hätte er seit Jahren nichts mehr gegessen.

Sein angeblicher Herr sah mich hoffnungslos und hilflos an. Was sollte er tun? „Nun, da Peter offenbar bei meinen Pferden zum Tee bleibt", sagte ich, „ist das Einzige, was du tun kannst, mit uns zum Tee zu kommen." Also hob ich ihn herunter und trug ihn zum Kuhstall, in dem sich zu der Zeit unsere Kantine befand, und verköstigte ihn mit chloriertem Mazawattee, Marmelade und Hundekuchen. Eine Stunde später verließ er uns, so Peter es wollte.

Danach sahen wir den Padre oft. Peter, so schien es, hatte uns sehr gemocht und brachte ihn häufig zum Essen mit. Der Padre hatte dabei kein Wort zu sagen. Er gestand, dass er, als er sich morgens auf den Weg zu Peter machte, nicht die leiseste Ahnung hatte, wo er am Mittag sein würde. Nur die glückliche Regel des schwarzen Cobs, zum Abendessen nach Hause zu gehen, bewahrte den Padre davor, als Deserteur eingestuft zu werden.

Er hatte das unbehagliche Gefühl, dass Peter eines Tages plötzlich vom Krieg krank werden würde und dass er sich in Paris oder an der Riviera wiederfinden würde. Wir hatten das unbehagliche Gefühl, dass Peter eines Tages neugierig werden würde, was die Pferderationen der Boche angeht, und über die Grenze schlendern würde und wir den Padre verlieren würden, was wir uns kaum leisten konnten, denn zu diesem Zeitpunkt hatte er uns schon mitgenommen geistig und körperlich unter seinen Fittichen. Sonntags tauchte er mit einem Faltharmonium in unserer Mitte auf und veranstaltete eine Kirchenparade, wobei er die Hymnen mit seiner zwitschernden, vogelähnlichen Stimme anführte.

Dann schenkten ihm die alten Jungferndamen seiner alten Gemeinde Thorpington Parva einen Ford, und mit diesem suchte er abgelegene Gebiete nach Proviant ab und manövrierte seine Blechkutsche zwischen staubigen Infanteriekolonnen und klappernden Protzen hindurch. Seine Brille glänzte und seine Mütze saß ein wenig schief, während sein Bursche (ein Witzbold) gefährlich auf einem wackligen Stapel von Keksdosen, Zigarettenetuis und Schachteln mit Obstkonserven thront und im Stil der Gepäckträger schreit: „Mit Erlaubnis! Zigaretten für die Schusslinie. Platz für den Woodbine Express."

Aber wenn wir den Padre oft sahen, waren es die Antrims, die ihn als ihr besonderes Eigentum betrachteten. Es handelte sich um Linieninfanteristen, von der Art, die die meiste Arbeit und keine Pressemeldungen bekommt, eine abgebrühte, unregenerationsfähige Truppe, die sich überhaupt nicht darum kümmerte, ob Belgien blutete oder nicht, sondern die es liebte, um ihrer selbst willen zu kämpfen und ihre Ziele zu erreichen Glaube an Bajonett und Hintern. Und wohin diese Antrims gingen, dorthin gingen auch der Padre, das Harmonium und seine Woodbines. Ich habe eine Geschichte, dass, als sie sich an einem bestimmten Teil der Linie befanden, wo die Schützengräben nur dreißig Meter voneinander entfernt waren (so nah beieinander, dass die gegnerischen Streitkräfte sich gegenseitig beim Vornamen begrüßten und sich gegenseitig die Drahtwerkzeuge ausliehen), der Padre schleppte das Harmonium an die Front und leistete dort seinen Dienst, und die Deutschen auf der anderen Seite stimmten fröhlich in die Hymnen ein. Er hielt die Männer der Antrims mit Kantinenspezialitäten am Leben und ihre Offiziere in ständiger Freude. Er schluckte ihre großen Geschichten ohne einen Schluck hinunter; sie zogen ein Bein und er bot das andere an; Er tappte kopfüber in jede dumme Falle, die sie ihm stellten. Auch in anderen Schlamassel erlangten sie Verdienste, indem sie seine wunderbare Unschuld und seine unglaubliche Geistesabwesenheit propagierten.

„Der Dicky Bird kam gestern zu mir", erzählte einer von ihnen; „Ich wollte Rat zu seinem fetten Schwindel, Peter. ‚Er hat eine Schürfwunde am Knauf seiner rechten Vorderpfote', sagt er. ‚Dicky Bird', sage ich, ‚so lässt sich die Anatomie von Dicky Bird nicht beschreiben ein Pferd nach all den Lehren, die ich dir gegeben habe.' „Ich bin so vergesslich und Pferdebegriffe sind so verwirrend", stöhnt er. „Oh, jetzt erinnere ich mich – sein Steuerbordknöchel!" Das liebe Baby!"

Im Laufe der Zeit zogen die Antrims in den Vorstoß, weigerten sich jedoch dieses Mal, den Padre mitzunehmen, und erklärten, dass Vorstöße laute Angelegenheiten seien und selbst in den am besten regulierten Bataillonen schlimme Unfälle passierten.

Der Padre war um Mitternacht aufgestanden, um sie gehen zu sehen, seine Brille war neblig. Im Morgengrauen gingen sie die Säcke durch, erreichten ihr Ziel in zwanzig Minuten und kratzten sich daran. Der Padre kam zehn Minuten später wieder zu ihnen, sehr außer Atem, aber mit einer Kiste Woodbines im Gepäck.

Mein Freund Patrick packte ihn am Bein und zerrte ihn in ein Granatenloch. Nichts als der inhärente Respekt vor seiner Kleidung hielt Patrick davon ab, dem Dicky Bird die Tracht Prügel seines Lebens zu verpassen. Um 8 Uhr morgens konterte der Hunne heftig und warf die Antrims hinaus. Patrick zog sich geordnet zurück und führte den Padre an einer Ohrläuse. Die Antrims setzten sich, leckten ihre Schnittwunden, pafften etwas von den Woodbines, gingen dann zurück und spritzten den Boche in seine empfindlichen Stellen. Der Boche holte sich neue Hilfe und dümpelte wieder in die Höhe. Das

Geschäft ging den ganzen Tag über lebhaft weiter, und als die Nacht hereinbrach, waren die Antrims die Herren der Stellung.

Um 1 Uhr morgens wurden sie von den Rutland Rifles abgelöst, und ein hundemüder, angeschlagener Rest des Bataillons kroch eine Meile dahinter auf einer Hohlstraße zurück zum Lager. Ein oder zwei fanden Biwaks, die die Rutlands zurückgelassen hatten, aber die meisten fielen dort, wo sie Halt machten. Mein Freund Patrick fand ein Biwak, schlüpfte hinein und schlief. Das nächste, woran er sich erinnert, war, dass das Dach seiner Wohnung unter dem Gewicht zweier heftig kämpfender Männer einstürzte. Patrick befreite sich irgendwie und rollte hinaus in die graue Morgendämmerung, um die Hohlstraße voller grauer Gestalten zwischen den Biwaks und Granattrichtern zu finden, die auf die schlafenden Antrims einstachen. Hier und da waren Männer aneinander gekettet und kämpften mit Zähnen und Klauen; die Luft war erfüllt von einem grässlichen Pandämonium aus Grunzen und Kreischen; Die Hohlstraße verlief wie eine Rinne eines Schlachthauses. Es gab nur eins zu tun, und das war rauszukommen, also tat Patrick es und trieb vor sich her, so viele Männer er sammeln konnte.

Ein Mann torkelte an ihm vorbei und blies wie ein Walross. Es war der Diener des Padre, und er hatte seinen Herrn in seiner Unterwäsche unter einem Arm festgesteckt und trat schwach um sich.

Patrick hielt seine Männer hinter der Hügelkuppe an, und dort gesellte sich der Colonel zu ihm, der auf seinen bestrumpften Füßen trabte. Andere Offiziere trafen ein und trieben die Männer zusammen. „Sie müssen die Ruts überrannt haben, Sir“, keuchte Patrick. „Muss hinter den Waffen hinter uns her sein.“ „Die kriegen sie auch“, sagte der Colonel grimmig. „Wir können sie nicht aufhalten“, sagte der Oberkapitän. „Wenn wir sofort kontern, geben wir den Loamshires vielleicht Zeit zum Heranrücken – sie unterstützen uns, Sir – aber – aber wenn sie uns angreifen, bekommen sie diese Waffen – sie überfahren uns.“

Der Colonel nickte. „Mann, ich weiß, ich weiß; aber sieh sie dir an“ – er zeigte auf den erbärmlichen Rest seines Bataillons, der hinter dem Kamm lag – „sie schlafen dort ein, wo sie liegen – sie sind völlig geschlagen – nicht.“ Noch ein Tritt in ihnen.“

Er setzte sich und vergrub sein Gesicht in seinen Händen. Die gefürchteten Antrims waren am Ende angelangt.

Plötzlich ertönte ein Ruf des Oberkapitäns: „Mein Gott, was hat dieser Kerl vor? Wer zum Teufel ist das?“

Sie alle drehten sich um und sahen eine winzige Gestalt, nur in Unterwäsche gekleidet, die absichtlich über den Hügelkamm auf die Deutschen zumarschierte.

"Wer ist es?" wiederholte der Oberst. „Bitte um Verzeihung, Reverend, Sir", sagte der Diener des Padre, als er an der Gruppe von Offizieren vorbeischritt. „Geben Sie mir den Zettel, Sir. Gawd weiß, was jetzt los ist." Er erhob seine Stimme und jammerte seinem Meister hinterher: „Hey, Sie kommen gleich zurück, Sir. Sie werden wieder in Schwierigkeiten geraten. Hören Sie mich, Sir?" Aber der Padre hörte ihn offenbar nicht, denn er trottete stetig weiter. Der Batman schluchzte verzweifelt und verfiel in einen Doppelgänger.

Der Colonel sprang auf. „Hey, halte ihn auf, jemand! Diese Schweine werden ihn in einer Sekunde erschießen – Kindermord!"

Zwei Subalternen rannten vor, gefolgt von drei Unteroffizieren. Entlang der ganzen Linie hoben Männer ihre müden Köpfe vom Boden und sahen die winzige Gestalt auf dem Bergrücken, die sich als Silhouette vor dem roten Osten abzeichnete.

„Oo, ist dieser blinzelnde Idiot?"

„Der Pater."

„Was macht er?"

„Gawd weiß es."

Ein Mann erhob sich auf die Knie, stolperte vorwärts und murmelte: „Gib mir ein Päckchen Zigaretten, als ich pleite war." „Ich auch", knurrte ein anderer und folgte seinem Kumpel. „Sie werden ihn gleich erschießen", rief eine Stimme, die plötzlich Angst hatte. „„Hier, das ist kein Krieg, das ist verdammte Babytötung."

Nach weiteren fünf Sekunden stand die ganze Reihe auf und joggte im taumelnden Tempo vorwärts. „Und ein kleines Kind soll sie führen", murmelte der Oberst glücklich, während er seine beste Socke nach vorne schob; Ein Wunder war geschehen, und seine lieben Raufbolde würden in Ruhm untergehen.

Doch als sie den Hügelkamm erreichten, ertönte ein schriller Pfiff vom gegenüberliegenden Bergrücken, und ein halbes Bataillon der Rutlands war zurück und warf nach dem Feind, der ihre Posten durchbrochen hatte. Unter wildem Geschrei stürmten beide Parteien in die Hohlstraße hinab.

Als der Tumult und das Geschrei verstummt waren, machte sich Patrick auf die Suche nach dem kleinen Pater.

Er entdeckte ihn auf dem Wrack seines Nachtbiwaks sitzend; Er drückte einen kleinen Gegenstand an seine Brust und der Ausdruck auf seinem Gesicht war der eines Mannes, der den Wunsch seines Herzens gefunden hatte.

Patrick setzte sich auf eine Kiste voller Bomben und blickte Reverend Paul demütig an. Für einen Mann ist es schrecklich, wenn er plötzlich feststellt, dass er unversehens einen Helden bewirtet hat.

„Oh, Dicky Bird, Dicky Bird, warum hast du das getan?" erkundigte er sich leise.

Der Pater legte den Kopf schief und fing an, aus jeder Pore Entschuldigung hervorzuströmen.

„Oh mein Gott – du weißt, wie absurd geistesabwesend ich bin. Nun, mir fiel plötzlich ein, dass ich meine Zähne zurückgelassen hatte."

VII

DER REITMEISTER

Die Szene ist eine Unterrichtsschule im hinteren Teil der Westfront, gelegen in einem Tal aus grünen Wiesen, gesäumt von Reihen von Fichtenpappeln und durchzogen von einem silbernen Band aus Wasser.

In der trägen Nachmittagsbrise ertönen die konzertierten Schreie einer Bajonettklasse, die weiter unten im Tal Furchtbarkeit übt; auch das Stakkato-Geklapper von Lewis-Kanonen, die Löcher in den nahen Hang schlugen.

In der Mitte einer Wiese befindet sich eine *Rasenmanège* . In der Mitte der *Manege* steht der Bösewicht des Stücks, der Reitmeister.

Er trägt eine Krone auf dem Ärmel, enge Hosen, Stiefel, bösartige Sporen und einen Zobelschnurrbart. Seine rechte Hand spielt mit einer langen, langen Peitsche, seine linke mit seinem Zobelschnurrbart. Er sieht aus wie Diavolo, der Löwenbändiger, der gerade dabei ist, seine menschenfressenden Kumpel durch Feuerringe zu schicken.

Seine Opfer, ein Dutzend Infanterieoffiziere, kreisen langsam um die *Manege* . Sie sitzen auf desillusionierten Kavalleriepferden, die mit Wellington ausgezogen sind, und wissen das eine oder andere. Hin und wieder zwinkern sie dem Reitmeister zu, und er zwinkert ihnen zu.

Das Publikum besteht aus einem alten Gallier in malerischen blauen Hosen, dessen *Metier* darin besteht, über die Wiesen zu torkeln und einer gescheckten Kuh die Fliegen abzustreifen; der Schulpater, der sich auf große Distanz hält, damit er den Sport sehen kann, ohne die Sprache zu hören, und zehn kleine *Gamins* , die im silbernen Bach planschen und nun wie zehn kleine Kröten trocknend am Ufer sitzen.

Sie kommen jeden Nachmittag, denn noch nie haben sie so viel Spaß gesehen, nie seit den großen Tagen vor dem Krieg, als der Zirkus mit dem boxenden Känguru und den gebildeten Schweinen in die Stadt kam.

Plötzlich räuspert sich der Reitmeister. Bei diesem Geräusch spitzen die Pferde die Ohren und ihre Reiter greifen nach Händen voll Leder und Haaren.

R.-M. „Nun, meine Herren, achten Sie auf das Wort. Sanft weg – tra-aa-at." Die Pferde geraten in einen langsamen Trab und die Kavaliere geraten in kalten Schweiß. Die zehn kleinen Gamins jubeln entzückt.

R.-M. „Setzen Sie sich, setzen Sie sich auf, folgen Sie Ihrem Rücken, halten Sie die Hände unten, mit dem Rücken nach vorne, gleichmäßiges Tempo.

Nummer zwei, Sir, folgen Sie Ihrem Rücken; sitzen Sie nicht ungebremst da, als würden Sie sich überfressen. Nummer Siebentens, wirf dich nicht so betrunken umher, sonst verfehlst du den Sattel gleich ganz, wenn du herunterkommst – ich kann nicht erwarten, dass dich das Pferd jedes Mal erwischt.

„Nummer drei, wedeln Sie nicht mit den Hüften wie ein 'En'; Sie haben doch keinen Hegg gelegt, oder?

„Nehmt euren Rücken nach oben, die Ohren nach oben, die Aale nach unten; vier Fuß von der Nase bis zur Kruppe."

„Nummer Eins, halte deine Füße zurück, du wirst dieser Stute die Zähne ausschlagen, das wirst du."

„Komm runter, Nummer Sieben; das ist kein Kinderspiel."

„Behalten Sie ein leichtes und gleichmäßiges Gefühl beider Zügel bei, wobei die Rückseiten der Anden nach vorne zeigen, vier Fuß von der Nase bis zur Kruppe."

„Leggo den Schwanz der Stute, Nummer Sieben; du gehst, nicht kommst, und außerdem behält die Stute ihren Schwanz gerne bei sich. Jetzt hast du sie verärgert, die Tränen fließen ganz schön Ihr Gesicht – ich habe ein bisschen Gefühl für ein porentief dummes Biest.

„„Lassen Sie Ihren Rücken, gehen Sie gleichmäßig, greifen Sie mit den Knien, verkürzen Sie Ihre Zügel, vier Fuß von der Nase bis zur Kruppe. Nummer acht, halten Sie sich zurück, mein Junge, halten Sie sich zurück, Sie sind kein Schattensparrin, wissen Sie."

„Du auch, Nummer Neun; wenn du dich nicht ein wenig beruhigst, wird etwas platzen."

„Denken Sie daran, ein leichtes Gefühl des rechten Zügels und des Drucks des linken Beins. Reiten – wa-a-alk! Ri' – tur-r-rn! 'Alt – 'pare to s'mount – s'mount ! Steigen Sie ab, sagte ich, Nummer fünf. Nein, steigen Sie nicht auf Ihrem Rücken ab, mein Junge. Versuchen Sie, sich daran zu erinnern, dass Sie ein Horffier sind.

„Jetzt hören Sie mir zu, während ich die Teile eines Norwegers in einer Sprache aufzähle, die so einfach ist, dass jeder Narr sie verstehen kann. Das wird Ihnen nützlich sein, falls Sie jemals mit einem Norweger zu tun haben und er einen von ihnen verliert Teile, von denen Sie wissen, wie man sie für ein neues einrückt.

„Das Pferd hat zwei Enden, ein Vorderende – so genannt wegen seiner Tendenz, zuerst zu gehen – und ein Hinterende oder Hinterglied. Das Pferd hat an jedem Ende zwei Beine, die leicht zu unterscheiden sind, da die Vorderbeine gerade sind und die Hinterbeine geknickt sind.

„Da das Pferd 75 Prozent seiner Drecksarbeit mit seinen Hinterbeinen erledigt, ist es ratsam, sich von ihnen fernzuhalten, sie abzusperren oder ihnen Boxhandschuhe anzuziehen. Die Beine des Pferds sind sehr empfindlich und neigen dazu, zu verkrusten. Versuchen Sie also nicht, unansehnliche Knubbel, die sich möglicherweise an ihnen bilden, mit einer Handaxt abzuschneiden – schon ein bisschen davon kann einem Nordmann für immer die Laune verderben.

„Als nächstes kommen wir zum Kopf. Auf der Südseite des Kopfes entdecken wir das Maul. Das Maul des Pferdes wurde zum Zerkleinern seiner Nahrung und auch zum Vorbeireiten seines Reiters angelegt. Da das Pferd die anderen 45 Prozent seiner Drecksarbeit mit seinem Maul erledigt, ist es ratsam, sich auch hiervon fernzuhalten. Tatsächlich ist die Mitte des Pferdes mit seinem Maul an einem Ende und seinen Hinterbeinen am anderen Ende die einzige sichere Stelle, *und deshalb platzieren wir den Sattel dort* . Alles im Harmy geschieht aus einem bestimmten Grund, meine Herren.

„Und nun, Nummer zehn, sagen Sie mir, welches farbige Pferd Sie reiten?

„Ein Fuchs? Nein, er ist kein Fuchs und war nie einer, nein, auch kein Himbeerschimmel; er ist ein Brauner. Wie oft muss ich Ihnen sagen, dass ein Fuchs die Farbe von Lagerbier hat, ein Braunes die Farbe von Fassbier und ein Schwarzes die Farbe von Stout.

„Und nun, meine Herren, steigt auf eure Pferde, rüstet euch aus – steigt auf!

„Da haben Sie es, Nummer Sieben, auf der einen Seite rauf und auf der anderen runter. Versuchen Sie, eine Minute im Sattel stehen zu bleiben, und sei es nur, um die Aussicht zu genießen. Sie werden sich eines Tages verletzen, wenn Sie so über das Pferd hinwegrasen; und angenommen, Sie würden sich das Genick brechen, wer würde dann in Schwierigkeiten geraten? *Ich* , nicht Sie. Nehmen Sie bitte ein bisschen Rücksicht auf andere Leute.

„Jetzt achte auf das Wort. Reiten – rei- fen – r-e-rn. Gehen, marschieren. Tra-aa-at. Die Arme streifen leicht die Rippen – *deine* Rippen, nicht die des Pferds, Nummer Drei.

„Zügel verkürzen, Ellbogen runter, Kopf hoch, Rücken runter, einen Meter von der Nase bis zur Kruppe.“

„Lass die Stute in Ruhe, Nummer Sieben, und probier zur Abwechslung mal aus, im Sattel zu reiten. Das ist für alle angenehmer.

„Sie sollten Cowboy-Stunts für die Filme machen, Nummer Sechs, das sollten Sie wirklich. Die Leute würden Geld dafür bezahlen, Sie so kopfüber auf einem Nordmann reiten zu sehen. Da steckt eine Spur wildes Kosakenblut in Ihnen, was?

„Da bist du ja, jetzt bist du da gewesen und runtergefallen. Eine nette Art, mich für all die Geduld und das Lernen zu belohnen, das ich dir beigebracht habe!

„Warum liegst du da? Träumst du? Ich schätze, du willst mir jetzt sagen, dass du verletzt bist? Schreib als nächstes deiner Mutter darüber: ‚Liebe Mama, ein verrückter Mustang ist mir auf den Hintern getreten. Bitte schick mir einen goldenen Streifen. Dein geliebtes Kind, Algy.‘

„Jetzt merk dir das Wort. Reite – fahre – fahre!"

Er lässt seine Peitsche knallen. Die Pferde werfen die Köpfe hoch und beginnen zu galoppieren. Die Kavaliere werden erbsengrün um die Lefzen, lassen die Zügel los und umklammern die Sattelknäufe.

Das Leitpferd, ein verwegener Fuchs, der endlich seinen Kopf frei hat und die ganze Sache gründlich satt hat, stürmt plötzlich aus der *Manege* und rennt über die Wiese, *auf dem Weg* zu den Ställen und zum Tee. Seine elf Gefährten strömen hinter ihm her und leeren dabei ihre Sättel.

Die zehn kleinen Gamins tanzen ekstatisch am Ufer, schwenken ihre Hemden und rufen „ *Ein Berlin! Ein Berlin!* "

Der alte Gallier lehnt sich an die gescheckte Kuh und schüttelt seinen alten Kopf. „ *C'est la guerre* ", krächzt er.

Der verlassene Reitmeister verdammt seine Augen und segnet seine Seele für ein paar Augenblicke; dann seufzt er resigniert, nimmt eine Zigarette aus dem Futter seiner Mütze, zündet sie an und watschelt davon in Richtung Dorf und seinem Lieblings- *Estaminet* .

VIII

NATIONALHYMNE

Hier draußen dient das Telefon hauptsächlich als Vehikel für die *Jeux d'esprit* der Brass Lids. Es ist eine Einbahnstraße, die nur von innen nach außen funktioniert, denn wenn Sie den Brazen Ones ein paar Schlagabtausche beibringen möchten, ist das Gerät entweder auf unbestimmte Zeit besetzt oder *Na poo* (wie die Franzosen sagen). Wenn Sie einer dieser Bulldoggen-Jungs sind und entschlossen sind, das Ding von außen nach innen sprechen zu lassen, sollten Sie besser *zu* Signals ziehen, Ihr Bett, Ihre Decken, Bier, Tabak und den Rest der Ration für die nächste Woche mitnehmen und neben dem Telefonpfleger campen. Nach ein oder zwei Tagen wird dem Schurken klar, dass Sie ein verzweifelter Hund sind, der dringend etwas braucht, und er wird sich aufraffen, und vielleicht wird er nach weiteren zwei oder drei Tagen eine Kurbel drehen, ein paar Fäden ziehen und verkünden, dass Sie „da" sind, und Sie werden sich in einem angeregten Gespräch mit einem Friedhofsinspektor, einem Marmeladenexperten auf der Basis oder dem Dalai Lama wiederfinden. Wenn Sie dem Personal eine Antwort geben möchten, tun Sie dies am besten mit der Hand.

Ein Freund von mir namens Patrick bekam einmal die Stelle eines vorübergehenden stellvertretenden Stabskapitäns (unbezahlt), und bevor er auf die Idee der Einbahnstraße kam, funktionierte sein Telefon in beide Richtungen und machte ihm eine Menge Ärger. Die Leute riefen ihn ständig an und stellten ihm Fragen, was natürlich überhaupt nicht mit dem Spiel vereinbar war. Manchmal kam er nie vor 22 Uhr ins Bett, um Fragen zu beantworten; oft stand er um 9 Uhr wieder auf und beantwortete weitere Fragen – und solche Fragen!

Ein Beispiel. Einmal rief er sein altes Bataillon an. Ein gewisser Jimmy war damals stellvertretender Vizeadjutant. „Hallo, was soll ich sagen?", sagte Jimmy. „Stabskapitän spricht", sagte Patrick streng. „Bitte legen Sie eine Liste aller Köche, Rauchhelme, Bomben, Maultiere, Yukon-Rucksäcke, Blechkugeln, Fettabscheider und Plymouth Brothers vor, die Sie im Einsatz haben!"

„Ganz ruhig – entschuldigen Sie, ja, Sir", sagte Jimmy und legte auf.

Plötzlich summte das Telefon und da war wieder Jimmy.

„Entschuldigen Sie, Sir, aber Sie wollten eine Rückgabe verschiedener Waren, die wir auf dem Feld haben. Welches Feld?"

„Oh, das Feld des Mars, Dickkopf!" Patrick schnappte und legte auf. Eine Viertelstunde später wurde er erneut ans Telefon gerufen und das vertraute Blöken von Jimmy kitzelte sein Ohr. „Entschuldigen Sie, Sir – wessen Mutter?"

Andererseits ist der große Messinghut ein Mensch und macht hin und wieder einen Fehler, ein Schreibfehler, der ausreicht, um seine Flanke freizulegen. Und dann kann der bescheidene Kämpfer seinen Blutstropfen absaugen, wenn er schnell dabei ist. Dem gleichen leidgeprüften Jimmy wurde die vom Himmel gesandte Gelegenheit gewährt, und er ergriff sie. Er erhielt vom Hauptquartier einen Zettel vom 07.06.17, der wie folgt lautete:

„In Bezug auf 17326 Pte. Hogan weisen wir darauf hin, dass sein Geburtsdatum der 07.10.17 ist. Ordnen Sie ihn bitte der richtigen Kategorie zu."

Worauf Jimmy antwortete:—

„Da 17326 Pte. Hogan Ihrer Darstellung zufolge erst in vier Tagen geboren wird, befinden wir uns in einer schwierigen Lage.

Unterzeichnet —————

„PS – Was wäre, wenn bei dem interessanten Ereignis 17326 Pte. Hogan ein Mädchen sein sollte?

„PSS – oder Zwillinge?"

Unser Albert Edward ist gerade von einer dieser Abschlussschulen der Armee zurückgekehrt, wo die Kenntnisse des jungen Subalternen über Shakespeare und den Umgang mit den Globen noch einmal aufgefrischt werden, bevor er übertrieben wird. Die Akademie von Albert Edward befand sich in einer kleinen Stadt, in der alle unsere tapferen Verbündeten Schulen unterhalten. Es ist ein Bildungszentrum. Die französische Schule macht dem Ort die Ehre und unterhält eine zahme Musikkapelle, die jeden Sonntagabend auf dem Grand Place eine Rede hält. Alle jungen Damen der Stadt kommen dorthin, um die Musik zu hören. Dorthin begeben sich auch alle jungen Subalternen, auch um die Musik zu hören.

Am Ende jeder Aufführung werden die Nationalhymnen aller unserer tapferen Verbündeten gespielt, wobei jeder tapfere Verbündete als Kompliment für die anderen starr stramm steht. Da wir heutzutage viele mutige Alliierte haben, die alle lange nationale Kriegsschreie hinter sich haben, wird dies zu einer gewissen Belastung.

Eines Morgens besuchte der französische Kapellmeister den Kommandanten der englischen Schule.

"Einige Amerikaner sind angekommen", sagte er. "Sie sind natürlich so willkommen wie der Sonnenschein, aber" (er seufzte) "das bedeutet eine weitere Nationalhymne."

Der Kommandant seufzte und sagte, das nehme er an.

„Übrigens", sagte der *Orchesterchef* , „was ist die amerikanische Nationalhymne?"

„„Yankee Doodle"", antwortete der Kommandant.

Der Chefausbilder sagte, er hätte immer gedacht, es hieße „Heil, Columbia".

Der Adjutant war der Meinung, dass „The Star-Spangled Banner" die Voraussetzung erfüllte, während der Quartiermeister für „Mein Land, es liegt an dir" votierte.

Der *Chef d'orchestre* schlug sich auf die Brust und zerriss seine Frisur. „Dieu!" er jammerte: „Ich kann sie nicht alle spielen – *figurz-vous* !"

Ohne darüber nachzudenken, stimmten sie aus vollem Herzen zu, dass er das nicht konnte. „Ich sage Ihnen was", sagte der Kommandant schließlich, „schreiben Sie an Ihren Musikalienhändler in Paris und überlassen Sie es ihm."

Der *Chefkoch* sagte, er würde es tun, und tat es auch.

Am nächsten Sonntagabend, als das Konzert sich dem Ende näherte, stimmte die Band die *Marseillaise an* , und die Subalternen aller Nationen standen stramm. Sie standen stramm während „God Save the King", während der Nationalhymnen von Russland, Italien, Portugal, Rumänien, Serbien, Belgien, Montenegro und Monte Carlo, all unseren tapferen Verbündeten. Dann sprang der *Cheforchesterchef* plötzlich auf einen Hocker und schwenkte über seinem Kopf die Streifen und Sterne unseres neuesten tapferen Verbündeten, während die Band mit den Eröffnungsklängen von „When the midnight choo-choo starts for Alabam" anstimmte. Es spricht Bände über die Disziplin der alliierten Armeen, dass ihre jungen Subalternen sogar während dieser Zeit stramm standen.

IX

PFERDESINN

Zeit – NACHT

SZENE: *Eine von Granaten übersäte Ebene und darauf ein Kavallerieregiment unter einer Leinwand. Es ist noch nicht „Licht aus", und auf der rechten Seite leuchten die halbtransparenten Zelte und Biwaks wie riesige chinesische Laternen, die von Schattengestalten bevölkert sind. Aus einem Offiziersmessezelt erklingt das Funkeln eines Grammophons und erklingt Klassiker aus „Keep Smiling". In einem Biwak sägt eine oppositionelle Mundharmonika auf „The Rosary" ein. Auf der linken Seite ist eine dunkle Masse von Pferden zu sehen, die in parallelen Reihen aufgestellt sind. Sie faulenzen mit gesenkten Hüften und gesenktem Kopf in einem angenehmen Mittagsschlaf. Der Wächter lehnt an einem Pfosten, die Laterne zu seinen Füßen, und singt eine unruhige Begleitung zur entfernten Mundharmonika. „Die Stunden, die ich mit dir verbracht habe, liebes Herz, sind. – Stan still, Ginger – wie eine Perlenkette an mir – ee … Grrr, Nellie, hör auf zu treten!" Die Reihe der einsamen Hügel im Hintergrund flackert von Gewehrfeuern und brummt von Trommelfeuer – dem Boche-Abendgesang.*

Ein braunes Pferd (das sein Gewicht von einem Bein auf das andere verlagert). Jemand hat es heute Abend am Hals erwischt.

Eine Kastanie . Ja. Wenn wir jetzt im Jahr 1914 wären und dieser Schläger los wäre, würden wir dazustehen.

Ein waffentragendes Pferd . Warum?

Kastanie . Mach Schluss, Junge. Warum im Jahr 1914 unsere Sättel in unseren Rücken hineinwuchsen wie Efeu und Eiche. Im Jahr 1914———

Ein schwarzes Pferd . Oh, versiege um 1914, alter Soldat; Erzählen Sie uns von der Schlacht von Hastings und wie Sie dazu kamen, sich von Williams eigenen berittenen Donnerbüchsen überrennen zu lassen.

Ein braunes Pferd . Ja, und wie du dem Feld beim Rückzug nach A Coruña zehn Steine und eine Tracht Prügel verpasst hast. Welche persönlichen Erinnerungen haben Sie an Napoleon, Rufus?

Chestnut . Ihr verdammten Wehrpflichtigen, ihr!

Schwarz . Scheiße! Keine Schimpfwörter, Rufus – Damen anwesend.

Chestnut . Meine Damen, was? Benehmen Sie sich nett und damenhaft, wenn sie die Futtersäcke sehen, nicht wahr?

Eine scheckige Stute . Nun, wir müssen für unsere Rechte eintreten.

Chestnut . Das tust du mit Zähnen und Klauen. Was warst du im Zivilleben, Baby? Eine Suffragette?

Skewbald . Nein, war ich nicht, also so ist das.

Braun . Nein, sie war ein Liebling der Rampenlichter; trug ihre Mähne in Zöpfen und einen mit Sternen geschmückten Zügel und Sattelgurt, um ihre Figur zu verbessern; machte hübsche Salontricks zu den Klängen des Banjos und des Psalters. *N'est-ce pas, cherie ?*

Skewbald. Was wäre, wenn ich das täte? Es gibt Dutzende von Zirkusmädchen, die sich in Puffy Lydies verlieben. Ich brauche Ihre Vertraulichkeit sowieso nicht, Mister.

Bay . Bitte entschuldigen Sie mein ruppiges Soldatenverhalten, aber nehmen Sie Ihre Nase bitte trotzdem aus meinem Heunetz.

Ein kanadischer Dun . Mensch! Hör auf, so herumzuschwanken, Tubby. Kannst du einen Kerl nicht schlafen lassen? Ich werde dir gleich eine kalte Abfuhr in die Rippen geben. Was ist denn mit dir los?

Tubby . Hatte einen bösen Traum.

Schwarz . Wundern Sie sich nicht, wie Sie zu viel essen.

Braun . Kennen Sie ein Pferd des Quartermasters, das dies nicht getan hat? Er ist das einzige, das diese Chance bekommt.

Skewbald . Und die Schlachtrosse der Offiziere.

Stimme von drüben . Nun, wir brauchen es, nicht wahr? Wir machen die ganze tolle Kopfarbeit.

Bay . Hört auch auf den ehrenwerten Montmorency. Hallo, Monty! Kümmert euch nicht um die knallharte Kopfarbeit, aber versucht das nächste Mal, wenn ihr die Truppe anführt, einen Kurs zu steuern, der einigermaßen geradeaus geht. Heute Morgen hat sich die Linie wie eine Ziehharmonika geöffnet und geschlossen.

Ein eisengrauer ... Begob, und das ist die heilige Wahrheit! Ich dachte, meine Rippen würden ganz klein beigeben, und mein Mann fluchte leise, so dass man ihn eine Meile weit weg hören konnte. Du hast keine Ahnung von einer geraden Linie, Monty Avic, genauso wenig wie eine Krabbe, der man den Drink geschnappt hat.

Monty . Tut mir leid, aber die Fliegen haben mich geärgert.

Kanadischer Dun . Fliegen? Sag mal, aber ihr Neulinge bringt mich zum Lächeln. Warum, im Westen haben wir Fliegen, die ...

Eisen grau . Ich bin mir sicher, dass wir schon alles darüber gehört haben. Sie sind so groß wie Bulldoggen; Jedes Mal, wenn sie dich beißen, verlierst du ein Glied. Oft hat der Reisende beobachtet, wie sie mit einem Fohlen im Maul davonflog, die Rapparees! Was soll ich sagen, wenn einer von der verweichlichten europäischen Variante dich in den kurzen Haaren kitzelt, trittst du sehr frei und leichtfertig auf, Johnny, Acushla.

Ein braunes Pferd . Sag mal, Monty, Alter, gibt es Neuigkeiten? Du hast einen Kumpel im GHQ, nicht wahr?

Monty . Oh ja, mein kleiner Bruder. Er hat jetzt einen Job in Haigs persönlichem Stab, trägt ein rotes Stirnband und das alles – ähm! Natürlich erzählt er mir das ein oder andere, wenn wir uns treffen, aber im strengsten Vertrauen, Sie verstehen.

Braun . Ganz; aber hat er etwas über das Ende des Krieges gesagt?

Monty . Also, nicht genau, das ist nicht genau, außer dass er sagt, es sei jetzt ziemlich sicher, dass es – äh – also, dass es enden wird.

Brown . Das sind gute Neuigkeiten. Danke, Monty.

Monty . Kein bisschen, altes Ding. Nicht den geringsten Grund dafür.

Eisengrau . Es ist uns ein großer Trost zu wissen, dass der Krieg kommen wird, wenn nicht in unseren Tagen, so doch irgendwann.

Kanadischer Falbe . Aber sicher doch. Mensch, ich wünschte, es wäre alles vorbei und ich wäre zu Hause in den Vorgebirgen mit der braunen Wolle und den rosa Prärierosen unter den Füßen und dem Chinook, der mir die Mähne überzieht.

Eisengrau . Meine Güte, der County Cork würde mir vollkommen passen; eine geräumige Box mit Stroheinstreu und einem wasserdichten Dach.

Tubby . Ja, es gibt regelmäßig komplette Mahlzeiten.

Eine braune Stute . Ich habe eine Zweijährige in Devon, die ich gern wiedersehen würde.

Monty . Ich selbst habe keinen Streit mit Leicestershire.

Packpferd . Garn! Was steckt hinter dem guten alten London?

Chestnut . Immer mit der Ruhe, Alf, worüber meckerst du? Du hast in deinem Leben noch nie eine richtige Mahlzeit gegessen, bis Lord Derby dich aus diesem Karren gezogen und zur Armee geschickt hat.

Tubby . Eine volle Mahlzeit in der Armee – Hilfe!

Brown . Hört euch unser lebendes Skelett an. Erinnert ihr euch an den Nachmittag, an dem er sich in einem Haferfeld in der Plug Street allein aufgehalten hat? Als die Pferdepfleger ihn fanden, lag er auf dem Rücken, die Beine in der Luft, aufgeblasen wie ein vergifteter Welpe. „Meine Güte", sagt ein Junge zum anderen, „da ist eine unserer Beobachtungsblasen, die der Kerl heruntergebracht hat."

Chestnut . Ich hörte, wie der Offizier dem Truppenfeldwebel erzählte, dass er eines Tages einen Heuhaufen kaufen und versuchen würde, dich zu sprengen, Tubby. Der Feldwebel wettete mit ihm um einen Monatslohn, dass das nicht möglich sei.

Tubby . Nur weil ich einen gesunden Appetit habe——

Braun . Gesunder Appetit kommt in dieser Saison nicht zur Geltung, Sir — schlechte Form. Wie sollen die Park-Hacks der Politiker glatt gehalten werden, wenn das Kavalleriepferd seinen Gurt nicht ein bisschen enger macht? Sei patriotisch, alter Schatz; Essen Sie weniger Hafer.

Kastanie . Das Grammophon muss mittlerweile glühend heiß sein. Es läuft seit dem ersten Beitrag ununterbrochen. Ich nehme an, jemandes Mama hat ihm eine Flasche Ingwer-Pop geschickt, und sie sehen das Leben, solange die Blasen anhalten.

Monty . Ja, und ich nehme an, mein junger Herr wird morgen früh mit einer Tarntunika über seinem Pyjama paradieren *und* darauf warten, dass ich ihn durch die Staffelübung ziehe.

Eisen grau . Gott schütze uns, dünn!

Ein mexikanischer Schimmel . *Gute Nacht!*

Gunpack-Pferd . Hisch! Ordentlicher Offizier. 'E's in den Reihen der Vierten Truppe, nah; Man kann hören, wie ich fluche, wenn er über die Fersenfesseln stolpert.

Monty . Still, Leute. Ordentlicher Offizier. *Bong Swar* .

* * * * * * *

Noch einmal hängen Köpfe und Hüften herab. Sie posieren in Schlafhaltungen wie ein Schlafsaal kleiner Jungen beim Herannahen eines Vertrauensschülers. Der Linienwächter erwacht zum Leben, ergreift seine Laterne und beginnt auf und ab zu marschieren, als ob die Rettung davon abhinge, dass er so viele Runden auf die Stunde schafft. Aus dem Wachzelt ertönt eine Trompete: „Licht aus."

X

„VERMITTELN", NENNEN DIE Klugen

Ich lebe derzeit in einem jener Dörfer, in denen der zurückweichende Hunne nichts unversucht gelassen hat. Mit der für ihn typischen Gründlichkeit hat er es zuerst beschossen, dann in die Luft gesprengt und beschießt es seitdem ununterbrochen. Aus verschiedenen Gründen ist es in einem sehr baufälligen Zustand. Wäre es nicht auf der Karte verzeichnet und hätte man nicht eine auf einem Haufen Ziegelstaub angebrachte Tafel, die besagt, dass sich der Bürgermeister dort befindet, könnte sich der zufällige Wanderer in der Sahara, der Kalahari oder am südlichen Ende von Kingsway wähnen.

Einige dieser französischen Städte sind sehr schwer als solche zu erkennen; nur ein ausgebildeter Detektiv kann das. Ein gewisses irisches Regiment erhielt den Auftrag, eine davon einzunehmen. Der Plan sah ungefähr so aus: Sie sollten um 5.25 Uhr die Brustwehr erklimmen und einen etwa hundert Meter entfernten Steinbruch stürmen. Nach einer halben Stunde Verschnaufpause sollten sie zu einigen Maschinengewehrstellungen weitergehen, diese entschärfen, weitere zwanzig Minuten warten und dann die Stadt einnehmen. Die Entfernung betrug insgesamt kaum tausend Meter. Pünktlich bei Null ergoss sich das ganze Feld über die Säcke, so wie sich das Feld über den großen Doppelstein bei Punchestown ergießt, hielt am Steinbruch nur lange genug an, um oben das Bein zu wechseln, und stürmte schreiend auf die Maschinengewehre zu. Dann, immer noch voller Spaß und *Lebensfreude* und ohne Offiziere, die ihren feinen, fließenden Stil behinderten, duckten sie sich durch ihr eigenes Sperrfeuer und rasten mit Volldampf auf das Endziel zu. Zwanzig Minuten später, drei Kilometer weiter, wandte sich ein schwitzender Soldat an seinen keuchenden Kameraden: „Um Himmels willen, Mike, sind wir nicht schon fast bei dieser verdammten Stadt?"

Ich habe großen Respekt vor Hindenburg (ein Mann, der die Mischungen, die er trinkt, trinken kann und trotzdem zehnmal am Tag aufrecht sitzt und sonnig in den Rachen einer Kamera lächelt, verdient jedermanns Verehrung), aber wenn er das durch Blasen dachte Würde er diese armen kleinen französischen Dörfer in kleine Stücke zerlegen, würde er dem BEF die Kopfbedeckung entziehen und es erkälten und nach Hause zur Mutter traben lassen, er muss lange aufbleiben und noch etwas nachdenken. Denn Atkins von heute ist ein wissender Vogel; Er kann ein wenig die ganze Distanz schaffen und aus dem Nichts eine Menge zaubern. Was die Deckung angeht: Zwei Ziegelsteine und sein Schrapnellhut ergeben einen sehr passablen Pavillon. Gott weiß, es wäre für ein Meerschweinchen ein Rätsel, sich in unserem Dorf unauffällig zu zeigen, und doch habe ich miterlebt, wie ein Bataillon nach dem anderen hineinmarschierte, angehalten und entlassen wurde. Eine halbe Stunde später ist keine Menschenseele mehr zu sehen. Sie sind alle zu Boden gegangen. Mein Bräutigam und mein Landsmann machten sich auf die Suche nach den nötigen Mitteln, um einen Unterschlupf für die Pferde zu bauen. Er sah ein ansehnliches Brett aus einem Trümmerhaufen herausragen, ergriff es und zog daran. Dann – um ihn wörtlich zu zitieren – „ertönte ein lautes Brüllen von unten , Herr, und ein schwarzer Teufel von einem Infanteristen steckte seinen Kopf durch die Ziegelsteine und verfluchte mich, weil ich das Dach eingerissen hatte." Dann hat er eine Bombe auf mich geworfen, Herr, also wüsste ich nicht, wo ich dich an diesem Ort ablegen soll, weil du in den Bauch getreten bist ein Offizier und er ist am Boden liegend.

Manche Leute sind von der Bungalow-Manie besessen und bauen sich kleine Maisonette-Wohnungen aus Keksdosen, Sackleinen und dergleichen, aber die meisten bleiben unter der Erde. Ich gehöre zur Mehrheit; ich bleibe unter der Erde wie ein Dachs, denn die Erfahrung hat mich gelehrt, dass Ihnen ein Erdloch – so eng, feucht und dunkel es auch sein mag – nicht im Schlaf gestohlen werden kann; das heißt, Diebe können nicht mitten in der Nacht kommen, es mitsamt den Wurzeln ausgraben und in einem GS-Wagen wegkarren, ohne dass Sie, der Bewohner, bemerken, dass in Ihrem Haus etwas Unregelmäßiges geschieht. Andererseits können in diesem Land, wo der Krieger, wenn er einschläft, eine Art vorübergehenden Tod erleidet, Bungalows leicht aus der Umgebung gestohlen werden, ohne dass er davon erfährt; und was noch wichtiger ist: Es wird häufig gestohlen.

So wurde beispielsweise ein bestimmter Bungalow in unserem Dorf bis zu dreimal in einer Nacht gestohlen. Das war so. Ein gewisser Todd, ein Leutnant, der zu Fuß unterwegs war, marschierte eines Tages zu Fuß in unsere Mitte, lieh sich von einem Kaninchen aus der Gegend ein Loch und bezog es. Dieser Schlammschieber Todd hatte einen Cousin in derselben Division, einen dieser hochqualifizierten Spezialisten, die im ganzen Land herumstreunen, Stacheldrahtrollen abwerfen und sie „Müllhalden" nennen – kurz gesagt, einen Pionier. Eines Nachmittags fand der Pionier Todd einige alte Wellblechplatten, die er vergessen hatte, wegzuwerfen, und schickte sie mit seiner Liebe und der Bitte, ihm ein Dutzend Soda zu leihen, zu seinem Cousin, der Kies mahlte. Der Erdstürmer Todd kam aus seinem Loch, betrachtete das Wellblech und hatte Visionen, träumte Träume. Er gab das Loch dem Kaninchen zurück und machte sich an die Arbeit, einen Bungalow zu bauen. Am Abend war er fertig. Er kroch hinein und schlief ein, schlief wie ein betäubtes Siebenschläfer. Um 22 Uhr erreichte eine Schwadron Shetlandponys (um den Feind zu täuschen, sind alle Namen in diesem Artikel frei erfunden) unser Dorf. Es nieselte, und der verantwortliche Feldoffizier bekam das meiste davon in den Nacken. Er schrie nach seinem Burschen und sagte dem Knappen, wenn bis zu dem Zeitpunkt, an dem er die Ponys verabschiedet hätte, kein nieselregensicheres Biwak bereit stünde, in dem er sich verstecken könne, würde er zehn Jahre lang keinen Urlaub bekommen. Der Bursche kratzte sich am Kopf und glitt dann leise in die Nacht davon. Als die Ponys die letzten Tropfen aus ihren Futtersäcken kippten, hatte der treue Diener ein paar Wellpappenplatten zusammengekratzt und sie zu einem provisorischen Unterschlupf gestapelt. Der Major wand sich darunter und stieß im nächsten Moment ein Trommelfeuer aus Schnarchen aus, das fürchterlich anzuhören war. Um Mitternacht stapfte ein Bataillon der Loamshire Light Infantry ins Dorf. Es regnete in Strömen, und der kommandierende Colonel sah aus wie die Victoriafälle und fühlte sich an wie ein U-Boot. Er brachte seine Gefühle in einer Reihe stammelnder Brüller zum Ausdruck. Sein Bursche zitterte und verschwand *à pas de loup in der Dunkelheit* . Bis der alte Herr sein Kommando angehalten und ihnen „Gute Nacht" gesagt hatte, hatte sein findiger Diener irgendwo ein oder zwei Wellblechplatten gefunden und sie zu einer Art Biwak für den Empfang seines Herrn zusammengebaut. Sein Herr fiel hinein, zog seine Stiefel aus und schlief sofort ein, schlief wie ein Bär im Winter.

Um 2 Uhr morgens stolperten drei kanadische Soldaten über unser Dorf. Sie hatten sich verirrt, waren von den Hufen bis zu den Hörnern mit Schlamm bedeckt, völlig fertig, bis auf die Haut durchnässt, bis auf die Knochen durchgefroren und bis an die Backenzähne genervt. Sie würden nicht weitergehen, und sie würden sich auch nicht zu Tode überschwemmen lassen, wenn es irgendwo Deckung gab. Sie schnüffelten herum und entdeckten bald ein paar Wellblechplatten, trugen sie heimlich fort und überstanden die Nacht unter einigen Baumstämmen weiter unten im Tal. Mein Bursche trat mich am nächsten Morgen um sieben mit Füßen. „In diesem Lager wird gleich ein verdammter Mord geschehen, Sir", verkündete er fröhlich. "Letzte Nacht haben drei Offiziere in Biwaks geschlafen, aber jemand hat sie als Souvenir mitgebracht, und jetzt liegen sie alle draußen im Zelt, Sir. Ihre Jungs trauen sich nicht, sie zu wecken und ihnen die Ohren zu brechen. Alles sehr launische Herren, hat man mir gesagt. Der Colonel ist ein putziger Senf. Es werden ein paar neue Gesichter auf der Ehrenliste stehen, wenn er wieder zu sich kommt."

Ich drehte mich um und warf einen Blick auf den Schauplatz der bevorstehenden Tragödie. Die drei bewusstlosen Offiziere lagen auf drei Feldbetten mitten in einem Meer aus Schlamm wie drei einsame Inselchen. Ihre zitternden Untergebenen gingen in großer Entfernung in Deckung, flüsterten untereinander und kauerten in einer Haltung schrecklicher Erwartung wie Männer, die auf die Explosion einer Mine oder den Einbruch des Schicksals warten. Da Explosionen dieser Größenordnung in ihrer Aufmerksamkeit unparteiisch sein können, nahm ich ein Pferd und ritt ins

Feld. Aber laut meinem Burschen, der es aushielt, wachte der Leutnant zuerst auf, explodierte laut und brachte den Feldoffizier zur Explosion, der wiederum den Oberst zur Explosion brachte. In den Worten meines Burschen: „Sie gingen eins, zwei, drei, Sir, um die Welt wie ein Maschinengewehr, ein Achtzehnpfünder und ein How-pop-pop! Whizz-bang! Boom! – sehr hohe Verluste, Sir."

XI

UNSER MESSENPRÄSIDENT

Niemand hier draußen scheint heutzutage wirklich von den Politikern vernarrt zu sein. Die Front Trenches haben für die Front Benches ungefähr so viel Verwendung wie ein Großwildjäger für Moskitos. Der Bajonettprofessor deutet auf seine Reihe von Puppen und sagt zu seinen Jungs: „Stellt euch vor, sie wären Kabinettsminister – los!" und im Handumdrehen regnet es Sackleinenfetzen und Strohpartikel vom Himmel. Der Dämonenbomber bildet sich ein, dass ein prominenter Parlamentarier im gegenüberliegenden Graben lauert, beißt die Zähne zusammen und gewinnt weitere fünf Yards mit seinem Bowling.

Aber ich bin nicht ganz dieser vulgären Meinung. Der fertige Politiker ist vielleicht kein Thema für Oden, aber eine politische Ausbildung ist für jeden Mann von großem Nutzen. Unser Messpräsident William hat einmal einem Freund geholfen, eine Parlamentswahl zu verlieren, und seine Erfahrung ist für uns von unschätzbarem Wert gewesen. Sobald wir des Kämpfens müde sind und Quartiere brauchen, setzt sich die Staffel an ihren Platz und der Kapitän gibt William Bescheid. William klopft sich den Staub von seinen Stiefeln, rückt seine Krawatte zurecht und macht sich auf den Weg zum ansprechendsten Bauernhof in Sichtweite. Dort angekommen, zieht er seinen Hut vor dem Hund, streichelt das Schwein, fragt die Kuh nach dem Kalb, grüßt den Bauern, knickst vor der Bäuerin, wendet sich dann dem unvermeidlichen Baby zu, ruft in der Landessprache „Mong Jew, kell jolly ongfong" (Meine Güte, was für ein tolles Kind!), beugt sich zärtlich über es, drückt ihm einen langen Kuss auf die gummiartigen Gesichtszüge und gewinnt die Freiheit des Bauernhofs. Die Mess kann die Küche benutzen; das Gästebett steht dem Kapitän zur Verfügung, die Kuh rückt nach und macht dem Ersten Maat Platz, und das Schwein heißt die Subalternoffiziere nur zu gern in seiner bescheidenen Behausung willkommen.

Gewöhnliche Einquartierungsbeamte haben gegen unseren William und seine politische Bildung keine Chance. „Dieser Kerl", hörte ich einen verärgerten Konkurrenten sagen, „würde den Teufel für ein Stück Koks umarmen." Nur ein einziges Mal traf er auf seinen Gegner, und es kam zu einer Schlacht der Titanen.

Um seinem Geschäft nachzugehen, betrat er ein bestimmtes Bauernhaus und fand das Baby bereits im Besitz eines anderen Offiziers, eines schweren roten Wesens mit einem Monokel, das die Wiege des Säuglings mit fünfundsiebzig Umdrehungen pro Minute hin und her bewegte und auf einem Schnurrbartkamm sanfte Geräusche von sich gab .

Williams Herz fiel auf seine Feldstiefel; Er erkannte sofort die Markierungen der roten Kreatur. Dies war ein anderer Politiker; kein unblutiger Sieg würde ihm gehören; Fell würde zuerst fliegen, Pulver brennen – Wow!

Der rote Mensch muss auch auf William gefallen sein, denn er erhöhte die Umdrehungen auf einhundertvierzig pro Minute und stimmte ein schrilles Schlaflied an, das er selbst improvisiert hatte:

„Geh schlafen, Mamas kleines Dingsbums.
Geh schlafen, Papas kleines Dingsbums."

Dies brachte unseren William jedoch nicht aus der Fassung. Er näherte sich von der Seite, zog das Baby geschickt am Genick aus seiner Wiege und begann, es mit zärtlichen Küssen zu überhäufen. Der rote Mann jedoch folgte ihm, als es vorbeiging, und küsste jede Stelle, die er erreichen konnte. Als die Mutter wieder auftauchte, zerrten sie gemeinsam mit dem Baby, wie ein paar Hundewelpen das Hinterbein eines Jungen zerrten. Sie schlug sie treu mit einem Besen und warf sie beide in die weite nasse Welt hinaus, und wir schliefen alle in dieser Nacht in einem Moor, und William wurde sehr misshandelt und verabscheut. Aber das war sein einziger Misserfolg.

Wenn es Williams Aufgabe ist, Quartiere zu besorgen, dann ist es die Sache des Babys, sie wieder loszuwerden. William beherrscht, wie ich, den Dialekt viel zu gut, um heikle Situationen erfolgreich zu meistern. Wenn der Bauer beispielsweise mit der Nachricht zu mir kommt, dass meine Soldaten zwei Pflugscharen und eine Brechstange verbrannt und meine Truppenpferde eine Ziegelmauer zerkaut haben, verwickle ich mich in ein Palaver mit dem Ergebnis, dass wir uns schließlich trennen. Ich glaube, der Vorfall sei erledigt, und er glaubt, ich hätte ihm versprochen, ihm eine neue Farm zu kaufen. Dies führt zu allerlei internationalen Komplikationen.

Das Babe hingegen hält Französischkenntnisse für unmoralisch und kann sich nur so viel davon leisten, dass es sich einen Drink bestellt. Er ist außerdem mit einem leichten Stottern begabt, das unter der Belastung einer Fremdsprache chronisch wird. Wenn wir also ein Quartier räumen, versorgt William das Baby mit genügend Geld, um den Bauern für alle Schäden zu entschädigen, die wir nicht verursacht haben, und verschwindet dann. Mit einem strahlenden Lächeln nähert sich das Babe dem Bauern und drückt ihm den Lukre in die ehrliche Handfläche.

„Hallo", sagt der würdige Kerl, „was ist das denn? Einhundert Franken! Wo sind die vierundsiebzig Franken, sechs Rappen, für die Flöhe, die Ihr Hund gestohlen hat? Mein Schwein? Die achttausendneunundneunzig Francs, fünf Rappen Versicherungsgeld, die ich hätte kassieren müssen, wenn deine Räuber meinen Stall nicht vor dem Abbrennen bewahrt hätten? – und all die anderen kleinen Schäden, drei Millionen achthunderttausendvierundvierzig Francs , ein Centime im ganzen – wo ist der, hein?"

"Ec-c-coutez une moment", beginnt das Baby. "Jer pp-poovay expliquay tut—tut—tut—tut—sh-sh-shiss——", sagt er und lockert sein Stottern im Schnellfeuer, das knallt und zischt, rast und ruckelt wie ein glühend heißes Maschinengewehr mit einem Siphonaufsatz. Nach fünf Minuten ist der Bauer weiß im Gesicht und fleht das Baby an, Vergangenes vergangen sein zu lassen. "Nn-kein b-Bissen davon, alter T-Top", sagt das Baby. "Jer pp-poovay exp-p-pliquay bb-bub-bub-bub—— " und los geht es wieder wie ein kombiniertes Dampfnietgerät und Duschbad, wie das Wasser, das in Lodore herunterkommt. Kein Bauer, wie robust er auch sein mag, hat das länger als zwanzig Minuten ausgehalten. Nach einer Viertelstunde rennt er normalerweise los und verbarrikadiert sich im Keller, während ihm das Baby durchs Schlüsselloch liebevolle Abschiedsküsse zuwirft.

Zur Zeit sind wir auf einem Bauernhof einquartiert.

Der Skipper hat das beste Bett, der Rest von uns macht es sich im Freien in Zelten und Biwaks gemütlich, die in der umliegenden Landschaft verstreut sind. Wir stehen auf sehr vertrautem Fuß mit den freundlichen Leuten vom Bauernhof. Jeden Morgen, wenn ich aufwache, sehe ich ein halbes Dutzend Hühner und ihren Freund neben mir auf der Stange sitzen. Eine der Hühner hat mir heute Morgen ein Ei ins Ohr gelegt. William sagt, sie habe es mit ihrem Nest verwechselt, aber ich nehme an, die Henne, ein ehrlicher Vogel, hat nur Miete für die Stange bezahlt.

Das Baby erschien heute Morgen beim Frühstück mit nur einem halben Schnurrbart. Er sagte, eine Ziege hätte ihm die andere Hälfte abgenagt, während er schlief. Das arme Tier hat seitdem ständig Kicheranfälle – ein Schnurrbart muss sehr kitzelig sein.

Gestern bemerkte MacTavish, als er damit beschäftigt war, seine Wanne ins Freie zu bringen, dass sein Badewasser auf mysteriöse Weise immer tiefer sank. Als er sich umdrehte, um die Ursache des Phänomens zu untersuchen, sah er eine sanfte Milch, die es heimlich hinter seinem Rücken aufsaugte. Im *Café au lait roch es* heute stark nach Kohlenteerseife .

Heute Morgen im Morgengrauen wurde ich von einem kalten Fuß geweckt, der mein Gesicht berührte. Ich blinzelte wach und beobachtete Albert Edward im rosigen Pyjama, der neben meinem Bett herumtollte. „Zeigen Sie schnell Bein", flüsterte er. „Steh auf, und Onkel wird dem Jungen ein hübsches Bild zeigen."

Ich schob die Geflügeldecke beiseite und folgte ihm auf Zehenspitzen über die taufrische Wiese zu der Plane, die er und MacTavish „Zuhause" nennen.

Albert Edward hob eine Klappe und bedeutete mir, einen Blick hineinzuwerfen. Es war, wie er versprochen hatte, ein hübsches Bild.

Am Fußende der Matratze unseres MacTavish, unter einer Ersatzdecke, die dieser Krieger im Schlaf abgenommen hatte, lag ein großes rosafarbenes Schwein. Beide waren in friedlicher und lärmender Ruhe beschäftigt.

„Engelköpfe, von Sir Joshua Reynolds", hauchte mir Albert Edward ins Ohr.

XII

LUSTIGE SCHNITTE

Die ganze Welt staunte über „die unbändige gute Laune" des alten Atkins. Jeder angesehene Reisende, der Cooks Reise an die Front für ein paar Tage begleitet, widmet ihm mindestens ein Kapitel seines daraus resultierenden Buches. „Wie zum Teufel macht Thomas das?" Sie Fragen. „Was zum Teufel findet er zum Lachen?" Hören.

Vor Jahren, als der bekannte Krieg noch jung war, saß ein großer Mann in seinem Heiligtum und trainierte seine grauen Zellen. Er sagte sich: „Es herrscht Krieg. Mehrere Männer werden aus ihrer komfortablen Umgebung vertrieben und dazu verurteilt, für die Dauer ihres unnatürlichen Lebens damit weiterzumachen. Sie werden beschossen, vergast, vermint und bombardiert." , im Schlamm erstickt, bis auf die Knochen gearbeitet, gelangweilt und voller Angst, die Rationen werden knapp, der Rum verwässert, ihre Mädchen werden sie wegen diamantenbesetzter Munition verlassen. „Der kleine Jimmie hat Mumps; und was ist mit der Miete? Du gibst nicht die ganzen fünf Pfund pro Woche für dich selbst aus, oder?" Dies ist nur ein Zehntel (oder auch nur ein kleiner Teil) der Dinge, die ihnen passieren werden, und ihre sonnige Natur wird sauer und krank, wenn nicht etwas dagegen unternommen wird."

Der große Mann saß die ganze Nacht wach, kaute auf Federhaltern herum und grübelte über das Problem nach. Die große Idee kam, als der achte Federhalter zu Ende war.

Er sprang auf, Feuer der Inspiration blitzten in seinen Augen, und er dröhnte: „Lasst es *lustige Schnitte geben!*" – und ging dann zu Bett. Am nächsten Morgen erschuf er „Ich". (was für Intelligenz steht), wählte sorgfältig seine Stäbe aus, ordnete sie in passenden Farbtönen an und forderte sie auf, bis an ihre Grenzen zu gehen. Und seitdem machen sie treu weiter. Was die Marines für den Senior Service sind, „Ich." ist für uns. Sollte ein Subalterner mit der Meldung hereinkommen, dass der Spuk von Hindenburg ihn in Bloody Corner angesprochen und ihm eine Zigarre oder ein Ballon-Engel-Knopfloch angeboten hat, erzählen Sie ihm die Geschichte eines Boche-Panzers, der mit Gummireifen, C-Federn und heißem und kaltem Wasser ausgestattet ist , dass er gesehen hat, wie er hinter St. Quentin auf Bäume geklettert ist, erwidern wir: „Oh, geh und erzähl es ‚I'" und lehnen uns dann zurück und sehen, was das inspirierte offizielle Organ der Green Tabs daraus machen wird. Ein Hinweis ist für sie so gut wie ein Augenzwinkern, ein Anstoß genügt. Unter dem Genie dieser fantasievollen Künstler entwickelt sich der trivialste Vorfall zu einem Le-Queux-Zauberbuch, und der gesamten britischen Armee, die sich um ihre Sergeant-Majors versammelt, werden jeden Morgen beim Appell ausgewählte Kameen vorgelesen und sie lacht gebrochen den Rachen der Morgendämmerung und lacht den ganzen Tag vor sich hin. Jetzt wissen Sie.

Unser Adjutant hatte vor Kurzem einen Anruf. „Armee spricht", sagte eine Stimme. „Wirst du jemanden nach Courcelles schicken und sehen, ob dort ein Stadtmajor ist?"

Der Adjutant sagte dies zu, und sofort wurde ein Unteroffizier entsandt. Später kehrte er zurück und berichtete von keinerlei Symptomen, also rief der Adjutant Exchange an und bat darum, mit dem Hauptquartier der Armee verbunden zu werden. "Welche Niederlassung?" Exchange hat nachgefragt. „Warum, ich weiß es wirklich nicht – ich habe vergessen zu fragen", gestand der Adjutant. „Ich werde es bei ‚A' versuchen."

„Hallo", sagte „A." „In Courcelles gibt es keinen Bürgermeister", sagte der Adjutant. „Sie verblüffen mich, Schöne Unbekannte", sagte „A."; „aber was ist überhaupt damit?" Der Adjutant entschuldigte sich und fragte Exchange nach der Abteilung „Q." „Hallo", sagte „Q." „In Courcelles gibt es keinen Bürgermeister", sagte der Adjutant. „Tut mir leid, altes Ding, wer immer Sie sind", sagte „Q", „aber wir haben sie nicht auf Lager. Rationen, Eisen; Schweißer, Kisten; Öl, Wal, wurden prompt und höflich geliefert, aber keine Bürgermeister – tut mir leid." Der Adjutant seufzte und beriet sich mit Exchange, wer ihn möglicherweise angerufen haben könnte.

Exchange könnte es nicht erraten, wenn es nicht „ich" wäre – ein Versuch kann jedenfalls nicht schaden.

"Hallo!", sagte "Ich." "Es gibt keinen Stadtmajor in Courcelles", brummte der Adjutant etwas müde. "Was-ss!", rief "Ich", plötzlich interessiert. "Sagen Sie es noch einmal, deutlicher." "Cour-celles – Nein – Stadtmajor", wiederholte der Adjutant. Es entstand eine Pause; dann hörte er, wie jemand ein ehrfürchtiges "Guter Gott!" ausstieß und den Hörer auflegte. Am nächsten Morgen erfuhren wir in *Funny Cuts* (dem Organ des Geheimdienstes), dass " *das Korpshauptquartier letzte Nacht* schwer *beschossen wurde* . Der Stadtmajor wird vermisst. Dies ist ein Beweis dafür, dass der Feind Langstreckengeschütze in den gegenüberliegenden Sektor gebracht hat." Es folgten Massen von Informationen über die wahrscheinliche Marke der Geschütze, die bevorzugte Granatengröße, die Lebensgeschichte des Batteriekommandanten, seine Lieblingsblume und seinen Lieblingsautor.

Der Boche, der immer auf der Hut ist, um die zahlungskräftigen Geräte einer Konkurrenzfirma zu klauen, hat jetzt auch seinen „I."-Stab und *Funny Cuts* . Von Zeit zu Zeit ergattern wir ein Exemplar und lesen so etwas:

„Aus den gequälten Schreien, die einer unserer unerschrockenen Flieger gestern hörte, als er über den feindlichen Linien patrouillierte, geht hervor, dass die brutalen und unerbittlichen Briten ihre Gefangenen mit dem Bajonett erstochen."

Eine Highland-Division, deren Star-Dummkopfsänger an diesem Tag einen Trauer- und Klagewettbewerb veranstalteten, zählt nun die Stunden bis zur nächsten Offensive herunter.

Die Antrims hatten einen *Cordon bleu* namens Michael O'Callagan. Er war ein stämmiger Schurke, der sich von Mons zurückgezogen hatte und später mit einem riesigen Suppentopf auf dem Rücken den ganzen Weg zurück zur Yser vorgerückt war, aus dem er zu jeder Tageszeit und unter allen Umständen geheimnisvolle Eintöpfe für alle Ankömmlinge zubereitet hatte. Dafür und für die Tatsache, dass er unter Wasser kochen konnte und warme Mahlzeiten zauberte, während andere *Köche* Selbstmord begingen, wurde ihm vieles verziehen, aber er neigte dazu, den *Wein anzusehen* , wenn er *rot war* und gewöhnlich einen Zoll dick mit einem Lack aus Ruß und Topfschwarz überzogen war. Eines Morgens kletterte er seelenruhig über die Brüstung und blieb trotz der aufdringlichen Aufmerksamkeit der Hunnen-Scharfschützen lange genug dort, um genügend Schutt zu sammeln, um seine Dixies zu kochen. Am nächsten Tag ließen die Boche *Funny Cuts* ihre Narbenköpfe aufblitzen:

„WILDE AN DER SOMME.

„Die verzweifelten und prinzipienlosen Briten setzen zur Verteidigung ihres Systems schwarze Kannibalen-Zulus ein. Gestern wurde einer von ihnen, ein Häuptling von unglaublich verdorbenem Aussehen, beim Spähen im Freien beobachtet."

Das Kommuniqué endete mit einer Abhandlung über die Zulu, ihre Essgewohnheiten bei schwarzen Menschen und einer Ermahnung an „unsere alten Brandenburger", sich nicht beunruhigen zu lassen.

XIII

VERLASSEN

Das Baby ging auf Urlaub nach England. Nicht, dass das eine neue Erfahrung für ihn gewesen wäre; normalerweise machte er das alle zwölf Monate – Einfluss und solche Sachen, wissen Sie. Er fuhr in einer Kutsche mit siebzehn anderen Männern zur Küste hinunter, aber er bekam einen dicken, schläfrigen Jungen zum Sitzen und fühlte sich einigermaßen wohl. Er setzte in einem wackeligen Boot über, das vom Keller bis zum Dachboden vollgestopft war mit Roten, die von Kriegsneurose, Blauen, die von Grabenfieber geplagt waren, und Grünen, die von Hirnschock geplagt waren; Transporter mit Sporen und Pranger, Marmeladenhändler mit Revolvern und Bowiemessern, Militärpolizisten mit *Pickelhauben* und hier und da ein verstohlener Kämpfer, der aus Versehen entkommen war und zurückgerufen werden würde, sobald er gelandet war.

Der Abfahrtszug rollte am späten Nachmittag in Victoria ein. Taxifahrer schwärmten von dem Babe, aber er wollte nichts davon haben; Er würde zu Fuß gehen, um die Sehenswürdigkeiten des Dorfes besser sehen zu können – eine gemächliche, sentimentale Pilgerreise. Er hatte noch keine hundert Meter zurückgelegt, als ein entenhaftes kleines Ding auf ihn zutänzelte und quietschte: „Wo sind Ihre Handschuhe, Sir?“ „Ich habe sie im Sommer immer zusammen mit meinem Muff und meiner Boa in den Kühlraum gelegt, Liebes“, antwortete das Baby freundlich. „Außerdem möchte meine Mutter nicht, dass ich mit Fremden auf der Straße rede, also ta-ta.“ Das kleine Geschöpf errötete wie eine Teerose und stampfte mit seinem kleinen Huf auf. "Unverschämtheit!" es quietschte. „Du – du gehst mit dem nächsten Boot zurück nach Frankreich!“ und das Baby bemerkte zu seinem Entsetzen, dass er einem stellvertretenden Propstmarschall gegenüber witzig gewesen war! Er warf sich auf die Knie, leckte die Stiefel des APM und schrie mit lauter Stimme, dass er brav sei und es nie wieder tun würde.

Die APM begnadigte das Babe (er wollte sich die Politur seiner Stiefel sparen) unter der Bedingung, dass er sofort ein Paar Handschuhe im offiziellen Schnitt und in der offiziellen Farbe kaufte. Das Baby tat dies sofort und setzte seinen Weg fort. Er war noch keine zehn Meter weitergekommen, als ihn ein weiteres APM zu Fall brachte. „Diese Mütze ist eine Schande, Sir!“ er bellte. „Ich weiß es, Sir“, gab das Baby zu, „und es tut mir schrecklich leid; aber das Loch darin ist erst letzte Nacht aufgetaucht – Schrapnell, wissen Sie – und ich hatte noch keine Zeit, ein neues zu kaufen. Ich Sie interessieren sich nicht für den Stil, den sie in diesen kleinen französischen Läden verkaufen – oder?“

Der APM wusste nichts über Frankreich oder seine kleinen Läden und hatte nicht vor, Nachforschungen anzustellen; jedenfalls nicht, solange dort Krieg herrschte. „Sie werden morgen an die Front zurückkehren", sagte er. Das Baby nahm ihm die Hand und schüttelte sie herzlich. „Danke – danke, Sir", schwärmte er. „Ich wollte nicht kommen, aber sie haben mich dazu gezwungen. Ich komme aus Fidschi, habe hier keine Freunde und London ist irgendwie so anders als Suva, dass mir der Kopf wehtut. Ich bin pleite und könnte mir sowieso keinen Urlaub leisten. Danke, Sir – danke."

„Ähm – in diesem Fall widerrufe ich meine Entscheidung", sagte der APM. „Kaufen Sie sich eine offiziell genehmigte Mütze und machen Sie weiter."

Das Baby kaufte sich eifrig eins; dann, nachdem es für einen Nachmittag genug von den Gefahren der Straße gekostet hatte, nahm es ein Taxi und raste, auf dem Boden liegend, gut außer Sichtweite, zu seinem alten Hotel. Als er sein altes Hotel erreichte, stellte er fest, dass es sich während seiner Abwesenheit verändert hatte und jetzt das Hauptquartier des Direktors von Bones and Dripping war. Er beschimpfte den Taxifahrer, der sagte, es täte ihm leid, aber heutzutage könne man nichts mehr sagen; in einem Moment sei ein Hotel ein Hotel und im nächsten etwas völlig anderes. Es seien keine Filme darin, sagte er.

Schließlich entdeckten sie ein Hotel, in dem es immer noch so zuging, und Babe bekam ein Zimmer. Er blieb den ganzen Abend in diesem Zimmer unter dem Bett und ließ sich seine Mahlzeiten unter der Tür durchschieben. Ein herumschleichender APM schnüffelte am Schlüsselloch, untersuchte es aber nicht genauer, was für Babe ein Glück war, da es keinen vorgeschriebenen Pyjama trug.

Am nächsten Morgen wurde er, auf den Bodenbrettern eines anderen Taxis gekauert, zu seinem Schneider gebracht, begab sich in die Hände des treuen Kerls und verließ den Raum erst, als er sich absolut sicher war, dass er absolut APM-sicher war. Er ging zum Mittagessen ins „Bolero", bestellte zunächst ein paar Austern, verputzte sie und bat den Kellner, die *Consommé zu servieren* . Der Kellner schüttelte den Kopf. „Das geht nicht, Sir. Untergebene Herren dürfen nur Essen im Wert von drei und sechs Pence zu sich nehmen, und das haben Sie schon gehabt, Sir. Wenn wir Ihnen auch nur einen Krümel mehr servieren würden, würden wir nach dem Trading with the Enemy Act verfolgt, Sir. In diesem Moment sitzt ein APM in der Ecke, Sir, sein Auge ist auf jeden Bissen fixiert, sehr verdächtig –"

„Guter Gott!" sagte das Baby und rannte los. Er rannte bis zum nächsten Restaurant, aß dort ein *Hauptgericht für drei und sechs Pennys* , ging dann in ein anderes, um Süßigkeiten zu kaufen, und in ein weiteres, um Kaffee und Beilagen zu holen. Diese kurzen Pausen zwischen den Gängen hielten seinen Appetit wunderbar am Leben.

An diesem Nachmittag traf er in der Bond Street zufällig eine Freundin, „eine Kriegsarbeiterin, die sich enorm für den Krieg interessiert" (siehe die aktuelle Ausgabe von „ *Social Snaps* "). Sie war bei Yvonne gewesen, um ihre Gaze für die Boccaccio-Tableaus zugunsten der Armenier anzuprobieren, und brauchte etwas Entspannung. Also engagierte sie Babe für das Theaterstück, dem ein Abendessen mit ihr und ihrem zivilen Ehemann folgen sollte. Das Theaterstück (ein Kriegsdrama) machte Babe hungrig, aber der Commissionaire (offenbar ein Generalmajor), der Gelegenheitsarbeiten außerhalb des Blitzkriegs erledigt, nahm Anstoß an ihm. „Kann nicht hineingehen, Sir." „Warum nicht?", erkundigte sich Babe; „meine Freunde sind hineingegangen." „Jawohl, Sir, aber gemäß Defence of the Realm Act, Fußnote (*a*) zu Paragraph 14004, dürfen sich keine Offiziere nach 22 Uhr etwas zu essen holen." Er beugte sich vor und flüsterte hinter seinem Handschuh: „Unter dem Portikus sitzt ein Hay Pee Hem, der Ihre Bewegungen beobachtet, Sir." Babe brauchte keine weitere Warnung; Er sprang in die Limousine seines Freundes und verkroch sich unter dem Teppich.

Einige Zeit später wurde die Wagentür vorsichtig geöffnet und das Mondgesicht des Generalmajors schob sich durch den Spalt. „Die Halle ist für den Moment frei, Sir. Der Hay Pee Hem ist gerade auf der Straße herumgelaufen und hat einen jungen Offizier in Halbschuhen verfolgt. Also, hören Sie sich das an. Ich bin selbst Soldat." Er drückte dem Baby eine feuchte Banane in die Hand und schloss leise die Tür.

Am nächsten Morgen grub das Baby einen alten Zivilanzug aus dem Jahr 1914 aus und zog ihn an. Eine Frau in der U-Bahn nannte ihn „Cuthbert" und teilte ihm unentgeltlich mit, dass ihr Mann, doppelt so alt wie das Baby, sich bei der Ausrufung der Wehrpflicht freiwillig gemeldet hatte und seitdem tapfer in der Bekleidungsabteilung der Armee gekämpft habe. Außerdem vermutete sie, dass der Vater des Babys im Parlament war und ein Kriegsdienstverweigerer aus Gewissensgründen war. Im Hyde Park sprach ihn ein Bengel mit „Papa" an und fragte ihn, was er im Ersten Weltkrieg getan habe; ein anderer tobte immer wieder um ihn herum und machte Geräusche wie ein Kaninchen. In Knightsbridge wollte ihn ein Militärpolizist als Deserteur verhaften. Das Baby rief ein Taxi, flüchtete auf dem Boden kauernd zurück in sein Hotel und zog wieder seine Uniform an.

Als er in dieser Nacht im Dunkeln nach Hause schlenderte und in Gedanken versunken war, holte er versehentlich eine Pfeife aus der Tasche und zündete sie an. Ein APM, der ihn eine halbe Meile lang verfolgt hatte, sprang auf ihn zu, riss ihm die Pfeife und zwei oder drei Zähne aus dem Mund und brachte ihn mit dem nächsten Boot nach Frankreich zurück.

* * * * * * *

Strahlend begrüßte ihn sein Stallknecht mit den Pferden am Gleiskopf.

„Hallo, altes Ding, Cheerio und alles andere", wieherte Huntsman liebevoll.

Miss Muffet rieb ihre samtene Schnauze an seiner Tasche. „Hast du einem kleinen Mädchen ein Stück Zucker mitgebracht?" sie grollte.

Er bestieg sie und machte sich auf den Weg quer durchs Land, wobei Miss Muffet Schweinehüpfer und Kapriolen machte, um zu zeigen, wie gut gelaunt sie war.

Zwei Infanteriebrigaden standen in Mud Gully unter Planen, ihre Kochfeuer blinkten wie rote Augen. Die Wachen machten Aufmerksamkeit und gaben sich einen Klaps auf den Hintern, als das Baby vorbeiging. Ein Unteroffizier sprang aus einem Zelt und rief ihm zu, er solle zum Tee anhalten. „Wir haben Kuchen", lockte er, aber das Baby fuhr fort.

Ein Rotkäppchen galoppierte über die Stoppeln vor ihm und winkte freundlich mit den Worten „Pip" Vibart, der APM, auf dem Weg zum Hauptquartier. „Abend, Junge!" er rief; „Komm morgen Abend hoch zur Brücke" und fegte weiter über den Hügel. Ein Schwarm Flugzeuge dröhnte wie Fliegen im Bernstein des Sonnenuntergangs über uns *auf dem Weg* nach Hunland. Das Baby winkte ihnen mit seiner offiziellen Mütze zu: „Gute Jagd, meine Lieben."

Als er ankam, hatten sie gerade begonnen, in den Regimentsreihen aufzustocken; Das aufgeregte Wiehern von fünfhundert Pferden war Musik in seinen Ohren. Seine Subalternenbrüder begrüßten seine Rückkehr mit lautem und überschwänglichem Lärm, machten abfällige Bemerkungen über die Eleganz seiner Kleidung, setzten sich auf dem Boden auf ihn und zerknitterten ihn. Als O'Murphy das Baby erblickte, wurde er wahnsinnig und wirbelte wie eine orientalische Tänzerin um den Tisch herum und stieß dabei schrille Freudenschreie aus. Bald darauf sprang er aus dem Fenster, um einige Minuten später auf dem gleichen Weg einzutreten und seiner besten Geliebten die Opfergabe einer frisch erlegten Ratte zu Füßen zu legen.

In diesem Moment kam der Kapitän, dick mit dem Schlamm der Leine bedeckt, herein, nickte fröhlich seinem Junior-U-Boot zu und fiel augenblicklich auf den gebutterten Toast.

„Haben Sie eine gute Zeit, mein Sohn?" er murmelte. „Wie geht es fröhlichem England?"

„Oh, in England ist alles in Ordnung, Sir", sagte das Baby und kitzelte den umgedrehten Bauch des O'Murphy — „ganz in Ordnung; aber es ist lustig, wieder zu Hause unter seinen eigenen Leuten zu sein."

XIV

„HARMONIE, HERREN!"

Niemand, mit Ausnahme der Boche, hat eine größere Bewunderung für die Kampfkünste des Schotten als ich, aber in musikalischen Angelegenheiten sind wir uns nicht einig. Es ist nicht so, dass ich keine Seele hätte; Ich habe. Ich brenne ziemlich davon. Ich stehe morgens auf und trillere ein paar Kleinigkeiten von Monckton und gurgele mich nachts mit Fetzen von Novello in den Schlaf.

Ich möchte nicht prahlen, aber zu hören, wie ich mit einer Hand (die andere auf dem Rücken festgeschnallt) die „Mondscheinsonate" aus einem Klavier wähle, ist ein unvergessliches Erlebnis.

Ich würde Paderewski selbst nicht nachstehen, wenn es um den Kamm, die Knochen oder die Maultrommel geht, und ich könnte A. Gabriel auf dem Kutschenhorn Konkurrenz machen. Aber diese Dudelsäcke!

Was mich stört, ist nicht so sehr die Darbietung des Dudelsackspielers, sondern sein eingeschränktes Repertoire. Er kann nur ein einziges Geräusch spielen. Es ist völlig sinnlos, wenn mir ein Schotte erklärt, dass dies die „Klage von Sandy Macpherson" und das „Klagelied von Hamish MacNish" ist; für mich klingt das alles gleich.

Die Infanteriebrigade, die vor meinem Unterstand („Mon Repos") lagert, ist eine schottische Brigade. Keine temporären Schotten aus den Highlands von Commissioner Street, Jo'burg, und Hastings Street, Vancouver (über die ich nichts zu sagen habe), sondern echte *Pukka* , gesetzestreue, kirchentreue, gottesfürchtige, bajonettstoßende Gaels, gezüchtet zwischen den Klippen der Grampians und aufgezogen von Disteln und illegalem Whiskey. Und jeder zweite Mann in dieser Brigade ist ein eingefleischter Dudelsackspieler.

Sie haben große Pfeifen zum Frühstück, Mittagessen, Tee und Abendessen; spielt Solos vor, während und nach einem Drink. Wenn einer von ihnen über die Straße geht, um sich eine Schachtel Streichhölzer auszuleihen, begleitet ihn ein Pfeifer, der Kain großzieht. Ihre Offiziersmesse befindet sich direkt hinter „Mon Repos", wir wohnen also sozusagen im Orchestergestühl und hören alles, was es zu hören gibt.

Eines Abends, als Sandy Macphersons (oder Hamish MacNishs) Probleme nebenan sehr eindringlich diskutiert wurden, kam Albert Edward zu dem Schluss, dass die Grenze erreicht war. „Sie schlachten das Schwein jetzt schon seit zehn Tagen und Nächten ununterbrochen", sagte er; „etwas muss dagegen getan werden."

"Ich bin auf Ihrer Seite", sagte ich. "Aber was sind wir zwei schon gegen eine ganze Brigade? Wenn sie Sie dabei erwischen würden, wie Sie eine gottlose Nadel in einen ihrer heiligen Freudenbeutel stecken, würde schon wieder ein Leutnant fehlen."

„Hör auf und lass mich nachdenken", sagte Albert Edward und lag die nächste Stunde auf seinem Bett, wälzte sich und stöhnte – die üblichen Zeichen dafür, dass sein sogenanntes Gehirn aktiv ist.

Am nächsten Morgen ritt er zum Geschwader und kam später mit dem Grammophon der Messe und einer bestimmten Schallplatte zurück. Es gibt Rekorde und Rekorde, aber in puncto Geschwindigkeit, Panzerdurchschlagskraft und Reichweite schlägt dieser Rekord Banagher um Längen. „I Don't *Think* " ist ein Juwel aus jener „funkelnden Galaxie aus Melodie, Heiterkeit und Talent" (so der Pressesprecher), die allabendlich im Frivolity Theatre funkelt.

„Wenn die Kolibris singen" lautet der Titel, und Miss Birdie de Maie gibt ihn wieder – sie gibt ihn wieder, wie nur sie es kann, mit einer Stimme wie eine Feile, die Wellblech scheuert.

Wir ließen das Vogelgesumme um 16:00 Uhr beginnen und ließen es bis 23:15 Uhr krachen. Wir unterbrachen es nur zum Nadelwechsel.

Albert Edwards Bursche entfesselte den Tumult am nächsten Morgen um sechs Uhr wieder; mein Bursche löste ihn um acht ab, und so ging es den ganzen Tag über in Zwei-Stunden-Schichten weiter. Nachts machten die Linienwachen weiter. Als unsere Burschen am nächsten Morgen drohten, sich krank zu melden, beschimpften wir einen Soldaten wegen „stummer Unverschämtheit" und ließen ihn seine Sünde sühnen, indem er das Grammophon bediente. O'Dwyer von einer der benachbarten Munitionskolonnen kam am Nachmittag herüber, um sich zu beschweren, dass seine Maultiere kein Auge zutun könnten und untereinander murmelten; aber wir gaben ihm eine Flasche Whisky und er ging ruhig weg.

Monk von der anderen Kolonne rief eine Stunde später an und fragte, ob wir unter Artilleriefeuer geraten wollten, aber wir kauften ihn mit einer Trense und einer Flasche Haarlotion ab.

Die ganze Nachbarschaft wurde unruhig. Jemand im Schutz der Dunkelheit warf mit einem Revolver einen Schlag auf das Grammophon und ließ es in der Trompete kreisen. Sogar der ruhige Beobachtungsballon, der über unserem Lager schwebt, wurde ungehalten und ließ Ferngläser und Sextanten auf uns fallen. Wir bauten eine schützende Brustwehr aus Sandsäcken darum und machten weiter. Uns selbst störte der Lärm nicht im Geringsten, da wir vorsichtshalber unsere Ohren mit Kanonenwachs verstopft hatten.

Dann entdeckten wir eines Abends einen Bombenleger aus den Highlands, der sich durch einen Abfluss an seinem Magen zu unserem Instrument vorarbeitete. In die Enge getrieben, entschuldigte er sich mit der Begründung, es handele sich um eine Art schwedische Übung, die er in der Dämmerung immer zur Förderung seiner Verdauung mache. Eine raffinierte Erklärung, die jedoch kaum die scharfe Mills-Bombe verbarg, die er in einer Falte seines Kilts zu verbergen versuchte. Wir vertrieben ihn mit einem Trommelfeuer aus Wirbelhämmern, aber insgeheim waren wir hocherfreut, denn es war klar, dass die Anstrengung dem robusten Schotten zusetzte.

Als Vorsichtsmaßnahme umzäunten wir das Grammophon nun mit einem Stacheldrahtzaun und machten uns auf den Weg.

Am nächsten Tag sahen wir zwanzig Kiltie-Offiziere vor ihrer Messe stehen, die Köpfe zusammengesteckt, offenbar in ernsthafter Beratung. Ab und zu drehten sie sich um und starrten uns finster an.

„Die weißen Häuptlinge halten dort drüben ein großes Palaver ab", bemerkte Albert Edward. „Sie sind gerade dabei, zu entscheiden, wer herüberkommen und uns bekämpfen soll. Der stämmige Junge mit den Astrachan-Knien hat verloren; er reckt seine Mütze hoch und fragt seine Kumpels, ob er seinen Sporran gerade aufgesetzt hat. Seht, er kommt näher und tritt behutsam vor. Ich überlasse es Ihnen, Partner."

Ich lag im Gras und wartete auf die Delegation. Das Grammophon, sicher hinter Sandsäcken und Drähten, war wie immer in Betrieb, und Miss Birdie heulte wie eine Wildkatze auf glühender Asche. Die Delegation bahnte sich ihren Weg um die Pferdereihen, nickte mir zu und setzte sich auf das Ölfass, das wir für die Unterbringung der Gäste bereithalten. Er eröffnete den Ball nervös mit der Bemerkung, das Wetter sei schön.

Ich war nicht seiner Meinung, weigerte mich aber, zu widersprechen. Das verblüffte ihn einige Sekunden lang, aber er beruhigte sich, indem er behauptete, dass es auf jeden Fall schöner sei als 1915. Nach diesem Ausbruch schien ihm das Gesprächsthema verloren zu gehen und er saß da und kratzte sich am Ohr, als hoffte er auf Inspiration daraus wie ein Zauberer Kaninchen macht.

„Du scheinst der Musik sehr verbunden zu sein?" er wagte es sofort.

„Leidenschaftlich", sagte ich.

„Ah – hm! Ihr scheint dieser einen Auswahl sehr ähnlich zu sein", fuhr er fort.

„Ich habe mich leidenschaftlich darum gekümmert", sagte ich. „Schönes kleines Ding; ich liebe seine Stimmung, sein Tempo, sein Tremolo und seine

Klangfarbe, sein Fortissimo und Allegro. Hören Sie sich einfach den Teil an, der jetzt kommt –

„Wenn die Kolibris singen
und die alten Kirchenglocken läuten, werden wir knutschen, wir werden unter dem Mond knutschen. Unten in Alabama wirst du mein Charmeur mit den blauen Augen sein; auf dem Grab meines weißhaarigen Kätzchens werden wir sitzen und löffeln, löffeln, löffeln."

Ein schickes Allegro-Stück, das – äh, was?"

Er nickte höflich. „Ja – natürlich, im Ernst; aber – äh – finden Sie nicht, dass es mit der Zeit ein bisschen eintönig wird?"

„Niemals", erwiderte ich energisch. „Nicht im Geringsten. Genauso wenig wie Sie die Klage oder das Totenlied von Sandy Macpherson oder Hamish MacNish eintönig finden."

Plötzlich spitzte er die Ohren und starrte mich an. Dann verzog sich sein pausbäckiges Gesicht langsam von einem Ohr zum anderen und das breiteste Grinsen, das ich je gesehen habe, und er hob beide Hände.

„Kamerad!" sagte er.

XV

DAS MAULTIER UND DER TANK

Die Munitionskolonnen auf beiden Seiten sorgen für jede Menge Amüsement. Sie scheinen davon zu leben, dass sie sich gegenseitig die Maultiere stehlen. Meine Linienwächter erzählen mir, dass heimliche Gestalten, die schattenhafte Esel führen, die ganze Nacht durch meine Linien hin und her gehen. Die jeweiligen CO's, ein Australier und ein Ire, kommen ab und zu bei uns vorbei und warnen uns voreinander. Ich bleibe strikt neutral und sie haben meine Neutralität bisher respektiert. Ich habe Schritte in diese Richtung unternommen, indem ich meine Pferde mit Stacheldraht und Schnellfeuergewehren umzingelte, ihnen Glocken anband und die Wache verdoppelte.

Monk, der Australier, kam vor zwei oder drei Tagen bei uns vorbei. „Dieser verdammte Sinn Feiner ist die Grenze", sagte er; „Er hat mir letzte Nacht meinen besten Scherz abgenommen, als ich bei den Batterien war. Er hat Bileam in den Arsch gekniffen." Wir murmelten unser Beileid, aber Monk winkte ab. „Oh, das ist schon in Ordnung. Ich wurde nicht gestern geboren, und auch nicht am Tag zuvor. Ich werde diesen fröhlichen Fenian dazu bringen, blutige Tränen zu weinen, bevor ich fertig bin. Schauen Sie nur zu."

O'Dwyer, der fröhliche Fenian, rief am nächsten Tag an.

„Gebt uns einen Drink, Offiziersbrüder", sagte er. „Ich bin wach und lache."

Wir fragten, was passiert sei.

„Kennst du den Herin-ausgenommenen Bushranger da drüben? Er würde dir die Milch aus dem Tee stehlen, das gleiche Zeichen. Na ja, letzte Nacht wurde er bösartig und hat einen Angriff auf meine Leitungen gemacht. Ich hatte Rayson dazu Ich vermute, er würde etwas anprobieren, also habe ich ein bestimmtes Maultier platziert, wo er es festhalten konnte, und den Rest bewacht, glauben Sie mir, aber er fiel in den Thrap-Kopf Erstens – der arme, einfache Divil."

„Aber er hat dein Maultier erwischt", sagte Albert Edward verwirrt.

„Sicher, und das hat er, darauf kannst du wetten – er hat den alten Lyddite bekommen."

Albert Edward und ich waren immer noch verwirrt.

„Sehr hochexplosiv – daher der Name", erklärte O'Dwyer.

„Liebe Herzen", fuhr er fort, „er hat mein Stunt-Maultier, den Attentäter meiner Familie! Dieser Langohr hat dreiundzwanzig Opfer auf seinem

Konto, darunter einen Brigadier. Ich muss ihn dazu bringen, ihn einzuspannen, ihn ins Abseits zu drängen." um ihn zu striegeln, ihn zu werfen, um ihn zu beschlagen, und um ihn zu beschlagen. Verehrter Genosse Monk klaut jetzt ein unfehlbares Päckchen plötzlichen Todes, und er weiß es noch nicht.

„Was ist der nächste Schritt?" Ich habe nachgefragt.

„Ich werde ihn dort lassen. Wohlgemerkt, ich möchte den alten Mist nicht ganz verlieren, denn um die Wahrheit zu sagen, ich bin jetzt, wo ich seine Tricks kenne, ein bisschen angetan von ihm, aber ich glaube, Mr „Monk wird innerhalb einer Woche ein stark geheilter Charakter sein und das Biest selbst so lange mit Tränen und Entschuldigungen auf Pergament zurückbringen."

Zwei Tage später traf ich O'Dwyer auf der Schlammpiste wieder. Er zügelte seinen Kolben und bettelte um eine Zigarette.

„Ich habe den Spaß der Welt unten in der Umkleidekabine genossen und zugeschaut, wie Monks Verluste eintrafen", sagte er. „Schreckliches Spektakel, nicht genug, um einen starken Mann zum Weinen zu bringen. Der gemeinsame Freund Monk sieht ungefähr so freundlich aus wie eine nasse Henne. Das wird eine wunderbare Lektion für ihn sein. Bis später." Er stieß seinen dicken Kolben an und schlenderte fröhlich pfiffend davon.

Aber es war Monk, den wir später sahen. Er wurmte seinen langen Leichnam in „Mon Repos" und saß auf Albert Edwards Bett und lachte wie eine gekitzelte Hyäne. „Das Lustigste auf der Welt", stotterte er. „Ein Maultier hat sich neulich Nacht in meine Reihen verirrt und weigerte sich zu gehen. Es war ein verrottetes Biest, ein heiliger Schrecken; es konnte eine Fliege aus den Ohren treten und einen Mann in zwei Hälften beißen. Es macht mir nichts aus, zuzugeben, dass es den Kampf gespielt hat." und was ist mit meiner Organisation für ein oder zwei Tage, aber aus Respekt vor O'Dwyer, obwohl er ein Schurke ist, ..."

„Oh, es war also O'Dwyers Maultier?" Albert Edward mischte sich unschuldig ein.

Monk nickte hastig. „Ja, so kam es. Nun ja, aus Respekt vor O'Dwyer kümmerte ich mich darum, soweit es mir möglich war, und rechnete natürlich damit, dass er rüberkommen und es beanspruchen würde — aber das tat er nicht. Am vierten Tag , nachdem es einem Bombenschützen ein leichtes Frühstück gemacht und eine Lücke in einen Hufschmied getreten hatte, hatte ich die Nase voll, ließ den verdammten Kannibalen los und verpasste ihm einen Hieb mit der Peitsche, damit er schnell nach Osten flog. tummelte sich und schnaubte, bis es die Panzerspur erreichte; dort stoppte es und pflückte ein Stück Gras, ging zum Kampf und stieß dem Maultier in den Hintern Die Truhe, und dann grast er weiter, ohne sich umzusehen, und lässt den Tank für tot zurück, wie es nach allen menschlichen Maßstäben natürlich sein sollte bewegt sich weiter. Das weckte das Maultier richtig, er schloss die Augen und legte sich in den Tank, denn man konnte es eine Meile entfernt hören.

„Nachdem er zwei Dutzend der besten abgegeben hatte, drehte sich der Esel um, um an der kalten Leiche zu schnüffeln, aber die Leiche war noch warm und lächelte. Dann wurde das Maultier verrückt und machte sich ernsthaft über den Panzer her. Er stieß ihm ins Auge, verpasste ihm einen Kinnhaken auf die Spitze, hakte ihn hinter dem Ohr ein, schlug auf seine Latten, rammte ihm seine Linke ins Ziel und seine Rechte ins Sonnengeflecht, aber der Panzer setzte sich trotzdem auf und nahm Nahrung zu sich.

„Dann stieß der Esel ein Brüllen aus und ging auf ihn los; probierte den halben Nelson, die hintere Ferse, die Schere, die Rolle und die fliegende Stute; probierte den Westmorland- und Cumberland-Stil, Collar and Elbow, Cornish, Griechisch-Römisch, Kratzen wie Kratzdose und Ju-Jitsu. Nichts zu machen. Dann versuchte er in einem letzten verzweifelten Versuch, ihn auf den Rücken zu werfen und ihm mit den Zähnen das Fell abzureißen.

„Aber der alte Panzer gab einen ‚Auf Wiedersehen‘-Auspuff von sich und rumpelte davon, als wäre nichts geschehen, gar nichts. Ich habe noch nie einen so überraschten Gesichtsausdruck eines Lebewesens gesehen wie den dieses Esels. Er sank auf seinen Schwanz, stieß einen zischenden Atemzug aus und rollte sich tot um. Gebrochenes Herz.“

„Ist das das Ende?“, erkundigte sich Albert Edward.

Krepprosetten gekleidet , wie er den Verstorbenen anstarrt wie ein Dingo auf einem Aschehaufen."

XVI

KRIEGSBEMALUNG

Nachdem die 53. Lancers sieben Tage lang in den Schützengräben gewesen waren – während dieser Zeit hassten die Boches sie unaufhörlich mit Knallschlägen, Tränengranaten, Scharfschützen, Kohlenbüchsen, Hand- und Gewehrgranaten, Schnellfeuergewehren, Gewehrbatterien und Maschinengewehren , Gas- und Flüssigkeitsfeuer; und etwas Himmlisches sickerte so stark durch, dass die Frontlinie eine schlammige Nachahmung des Canal Grande in Venedig bot – die Infanterie löste sie ab und sie kamen heraus und sahen aus wie nichts auf Erden.

Sie wurden in eine ehemalige Färberei geführt, zu viert in einem Bottich gekocht, mit Unterwäsche zum Wechseln versorgt und weiter zu ihren Unterkünften geführt.

Da das 53. Regiment ein kluges Regiment war, hatten sie vierundzwanzig Stunden Zeit, sich wie die Sterne am Firmament zu lecken und zu polieren, um strahlenden Glanz zu erlangen, sonst hörten sie nie das Ende davon.

Nach vierundzwanzig Stunden marschierten sie auf Befehl erneut vor, und auch die Sterne am Firmament liefen.

Am Mittag desselben Tages wurde die Gruppe, die ihren Urlaub in Großbritannien antrat, vom Ordonnanzoffizier zur Inspektion vorgeführt.

Während er auf die Ankunft des OO wartete, warf der Regimentsfeldwebel einen ersten Blick auf sie.

Sie waren in Reihe und Reihe gekleidet, die Brust in die Luft gestreckt, die Gesichter glänzend von Seife und rosa vom Rasieren. Jedes Abzeichen, jede Schnalle und jeder Knopf blitzten herausfordernd in die Sonne, jeder Sporn glänzte wie ein Silberbarren, ihre Lederarbeiten glänzten mit dem Glanz einer Pflaume, ihre Wickelgamaschen und Tuniken waren ohne Flecken oder Makel, jede Mütze war leicht über jedes rechte Ohr gerutscht. Sie waren schnittige Männer eines schnittigen Regiments, das stolz darauf war, glänzend zu leben und zu sterben.

Der RSM musterte sie mit einem grauen Fuchsblick. Bei der sechsten Reihe von rechts hielt er inne, taumelte, erbleichte und brach in Tränen aus.

Das Regiment war entehrt, der Name, den sich schneidige Generationen von Kavalleristen so glorreich erkämpft hatten, war für immer verloren. Hier war ein Dreiundfünfzigster, der vorschlug, nach Hause zu gehen und praktisch nackt durch England zu stolzieren. Verdammt, verdammt, Quatsch. O Gott!

Der sechste Reih' wurde unter seiner Bräune erbsengrün, tastete instinktiv nach dem oberen linken Taschenknopf und knöpfte ihn zu.

Der RSM ging weiter die Reihe entlang, schlug heftig mit der Peitsche auf seine Beinkleider und zitterte vor Erregung. Zehn Reihen weiter entdeckte er hinter einem Gürtelhaken einen Fleck Messingpolitur und rechnete nicht damit, ihn zu überleben.

Die sechzehnte Akte rieb es mit einem Taschentuch ab und zitterte am ganzen Körper.

Der OO kam an den Schauplatz, inspizierte sie mit anschwellendem Stolz, während er seine Tunika enger zog, fand aus Prinzip ein paar Mängel und befahl ihnen, wegzugehen.

Der RSM begleitete sie zur Straße, entließ sie mit seinem Segen und beschwor sie, im Allgemeinen gute kleine Jungen zu sein und einem Wirt in der Nähe von Elephant and Castle seinen Respekt zu erweisen, wenn sie dort vorbeikämen.

Um 14 Uhr trafen sie zusammen mit den Weihnachtsliedern der tausend und eins Einheiten, die zur Herstellung des BEF unterwegs sind, am Gleis ein

Um 3 Uhr morgens stiegen sie im schwach beleuchteten Tresorraum von Victoria aus. Als sie aus dem Tor stapften, langweilte sich ein kleiner Mann in eckiger Kleidung und einem Akzent, der wie ein Banjo klang, in die Menge.

Er ließ einige Trupps schlammverkrusteter Linieninfanterie unbehelligt vorbeiziehen, warf nur einen flüchtigen Blick auf eine Gruppe regennaßer Kanoniere, dann fiel sein helles Auge auf die helleren Knöpfe der Dreiundfünfzig, und er stürzte sich auf sie und stieß Pappkartons hinein jede Hand. Die sechzehnte Gruppe blieb mit seinem Kumpel unter einer Lampe stehen und las seine Karte.

Es lief wie folgt ab:

VERSORGUNGSABTEILUNG UNSERER HELDEN.

Schauen Sie sich das Teil an und lassen Sie Ihre Kriegsgarne zu Hause glauben.

Begeben Sie sich in unsere Hände und schauen Sie dann zu, wie sich die Mädchen versammeln

runden.

GEBÜHRENLISTE

Schlammspray (Patentschlamm hält garantiert fünf Tage lang) 1s.

Einschusslöcher (in Mütze oder Tunika gestanzt) 3d. jede.

Blutflecken (unauslöschlich) 6d.

Gebetbuch (mit eingebettetem Aufzählungszeichen) 2s. 6.

Wir haben auch einen großen Vorrat an Souvenirs – Muschelfragmente,

Kugeln, deutsche Mützen, Helme usw. gegen mäßige Ladung.

Rufen Sie uns gleich an und besuchen Sie uns. Depot gleich um die Ecke.

Die sechzehnte Akte blickte seinen Kumpel an und befingerte unruhig seine Karte. „Nun, Bob, was sagst du? Mein Mädchen ist wunderbar schwer zu überzeugen."

„Ich bin bei dir", sagte sein Freund. „Mutter ist auch ein ziemlicher Schrecken."

Sie stapften dem kleinen Mann hinterher.

Eine Viertelstunde später hätte man sie vielleicht dabei beobachten können, wie sie wie nichts auf der Welt aussahen, als sie die Victoria Street entlangliefen.

XVII

DIE Prise KRIEG

Ich traf ihn am Rande des Moores. Er stand vor einer weißgetünchten Hütte, deren Blick grell auf die braune Welt blickte.

Ein kohlschwarzer Dudeen hing leer und kopfüber aus seinem gespitzten Mund, eine zerknitterte Friesmütze balancierte gefährlich auf einem Kranz aus weißem Haar. Seine volle Gestalt, in eine abgenutzte Samtweste gehüllt, war weit nach vorne gestreckt, als wollte sie das Schicksal herausfordern, ihr noch einen Schlag zu versetzen.

Im Augenblick diente er einem großen weißen Ziegenbock als Kratzbaum, der sich genüsslich an seinen gespreizten Beinen rieb. Beim Geräusch der Hufe meines Pferdes drehte er den Kopf. Beim Anblick meiner Uniform leuchteten seine Augen auf, er zog eine schmutzige Hand aus einer Cordtasche und salutierte in einer Farce vor seiner Mütze, die beinahe das Gleichgewicht verlor.

"Hey! Guten Tag, Captain!" (Ich bin Leutnant, aber in Irland hat jeder Gefreite visionäre Schlagstöcke an seinen Schulterklappen.)

Ich antwortete angemessen, stimmte zu, dass das Wetter im Moment schön war, und vertraute darauf, dass wir, wenn wir brav waren, vielleicht eine Stunde Zeit haben würden.

„Wie steht es heute Morgen um den Krieg, Euer Ehren?"

Ich antwortete, dass es meines Wissens noch da sei, eine ruhige Nacht hinter sich habe und es ihm gut gehe, danke.

„Waren Sie jemals an der Front, Captain?"

Ich nickte und da leuchteten seine Augen.

„Begob! – dann hast du das Glück. Warte, bis ich es dir erzähle. Ich wünschte, ich wäre der Erste nach dem Deutschen Tag – das würde ich, diese dreckigen, zerstörenden Schlachthöfe! Sag mir jetzt, lieber Kapitän, hast du jemals einen von ihnen getötet?"

Er hing so sehr an meiner Antwort, dass der weiße Billy ein Fetzen von seinem Segeltuchmantel riss und es ohne Tadel auffraß.

Ich wedelte mit dem Kopf. „Ich weiß es nicht – kann ich nicht sagen."

„Na klar, nein! Was würde sich ein großer Gentleman wie Sie schon von solch einer Drecksarbeit wünschen – das ist doch ein gewöhnlicher Privatjob. Aber wenn ich selbst zweiundzwanzig Jahre jünger wäre, wäre das ein Job, der mir große Freude bereiten würde." Es würde mir große Freude bereiten, einem von ihnen einen Puck mit einem Schlagnetz zu landen, das das Tageslicht durchlassen würde. Ich hätte großen Mut und Freude an einem Krieg wie ihnen , das ist die gesegnete Wahrheit, diese schmutzigen, zerstörenden, mörderischen Teufel!"

Er schüttelte eine schmutzige Faust in Richtung Amerika, und der Billy streckte ungestört die Hand aus und riss ein weiteres Band von seinem Mantel.

„Ich bitte um Verzeihung, aber werden Sie sich wieder in den Krieg begeben?"

Ich sagte, dass ich es eines Tages hoffen würde.

„Dann hör zu – ich wünsche dir, dass du einen Deutschen tötest, zwei Deutsche, verstehst du mich? Zwei Deutsche, die ich dir wünsche."

Erneut reckte er seine zitternde Faust in die Höhe, und erneut strich sich der Billy, ohne Angst vor nichts, seinen Rücken hinauf.

„Danke, sehr nett von dir", sagte ich. „Ich werde es mir merken. Guten Tag."

„Guten Tag, Gott schütze deine Ehre!"

Dann beförderte er mich mit einem überwältigenden Anflug von Großzügigkeit auf einmal um zwei Ränge und wünschte es mir noch einmal.

„Oberst", sagte er feierlich, obwohl er vor Leidenschaft zitterte, „ich wünsche Ihnen drei – zehn – *fünfzehn* Deutsche!"

„Danke", sagte ich noch einmal und nahm die Zügel auf. Dabei fragte ich mich, ob an diesem Morgen eine Tragödie über dem Moorufer geherrscht hatte, ob irgendein grauäugiger, schwarzhaariger Junge nie mehr aus Flandern in diese weißgetünchte Hütte nach Hause kommen würde.

Als ich mich umdrehte, steckte ein Mädchen mit Schal ihren Kopf durch den Türsturz und lächelte mich an.

„Och, wahrhaftig, achten Sie nicht auf den Großvater, Euer Ehren; er selbst war heute Morgen in der Stadt, und sie haben ihm den Preis für Porter um einen halben Penny erhöht. Er ist wirklich verrückt wie die sechszehn Teufel!"

XVIII

DAS REGIMENTALMASKOTTCHEN

Als seine Exzellenz, der Oberst, das alte Ornat nach Frankreich brachte, brachte sie selbst das Maskottchen des Ornats mit nach Hause. Es war ein großer, weißer, langhaariger Ziegenbock, derselbe.

„Ich werde ihn nicht im Gefängnis lassen", sagt sie selbst. „Das ist überhaupt kein Ort für ein Haustier. Die Sprache, die diese kleinen Trommlerjungen verwenden, weiß der Liebste", sagt sie.

Also, mein Maskottchen hält am Schloss und macht sich über die Blumenbeete, die Halle, das Wohnzimmer und die Hausmädchen lustig, als wäre er der Lord Lieutenant des Landes und nicht nur eine einfache menschliche, wütende Ziege. Ein stolzes, arrogantes Geschöpf ist es, die Mächte mögen es sein! Er läuft so verächtlich herum wie ein Dubliner Mädchen in Ballydehob, und wenn Sie ihn vielleicht mit der Farbe der Wut im Mund ansprechen, um Ihre Blumenbeete zu verlassen, lässt er ein Brüllen aus sich heraus wie ein Sligo-Dudelsackspieler mit Poteen und holt Ihnen mit seinen Hörnern einen Skalp, der Sie für tot erklärt.

Und tut mir leid, was bringt es, sich bei sich selbst zu beschweren.

„Ah, Delaney, das ist der Geist des Marschalls in ihm", sagte sie; „Wir müssen um des Eulen-Rigiments willen Geduld mit ihm haben"; Und damit fing sie an, ihn mit aufgewärmtem Biskuitkuchen von Hand zu füttern und mit seinem langen, seidigen Haar zu spielen.

„Es liegt mir fern", sage ich zu Mikeen, der Herde, „die Funktionsweise der Vorsehung in Frage zu stellen, aber wenn ich der Colonel eines Regiments wäre, was ich nicht bin, und ein Maskottchen haben müsste, wäre es kein Raparee." Billy würde ich gerne haben, aber ein Kindermädchen oder vielleicht eine Kuh, die würde anständig mit dem Rigiment mitkommen und dir Glück bringen, und vielleicht auch einen Tropfen Milch für den Beamtentee, wenn es solche Kreaturen sind „Das bringt euch Glück, möge ich in einem Armenhaus einen friedlichen Tod sterben", sagt ich.

„Ich bin da", sagt Mikeen stöhnend, weil er wie ein Leopard mit blauen Flecken übersät ist, weil er das seidige Haar des Maskottchens zweimal am Tag kämmen muss und weil der Bastler die Wirrungen aufbraust.

Einen langen Sommer lang bleibt der Billy im Schloss stehen, reckt den Hals zur Welt und wird immer stolzer aufgrund des Ansehens, das er mit dem Eulengewand hatte, und der hohen Ernährung, die er von ihr selbst erhielt. Glaube, es war eine große Freude, die wir Diener an ihm hatten, das sage ich euch! Es war mehr als dein Lebensblut wert, seinen Weg im Garten zu kreuzen, und wenn die Hausmädchen ihn im Haus treffen würden, würden sie ihn die Kleider von sich fressen lassen, bevor sie es wagten, ein Wort zu sagen.

Im Herbst wird mein Maskottchen aufgrund der hohen Fütterung und der natürlichen Natur des Geschöpfs ein kleines bisschen mächtig. Sie selbst bemerkt es mit ihrer pfiffigen Damennase und schickt einen Haufen Mädchen los, um mir und Mikeen zu sagen, dass wir den Bast waschen sollen.

„Heute wird gemordet", sage ich zu dem Jungen, „aber so ist der Befehl. Hol das Karrenseil und die Kette vom Bulldog, dann machen wir es. Meine Güte, es ist nicht alles Tapferkeit, die an der Front herrscht", sage ich.

„Das ist die wahre Wahrheit", sagt er und reibt die Beulen an seinen Schienbeinen, der arme Junge.

„Oh, Delaney", sagt das Hausmädchen und zieht eine Flasche aus ihrer Schürzentasche. „Sie selbst sagt, wären Sie so freundlich, das Maskottchen mit einem Tropfen dieses Odyssee-Dufts zu besprühen – vielleicht wird es seine Macht stillen, sagt sie."

Ich steckte die Flasche in meine Tasche. Wir brachten meinen tapferen Ziegenbock mit dem Seil zu Fall, nahmen das Halsband und die Kette des Bullen und schleppten ihn zum Teich. Er bockte und tobte zwischen uns wie eine Tyrone Street-Dame in den Armen des Polizisten. Das Brüllen zu hören, das er ausstieß, hätte einem das Herz brechen lassen, aber wir hielten durch.

Die Heiligen waren bei uns; in einer halben Stunde hatten wir ihn so nass wie einen Aal und zerschmetterten die Flasche mit dem Ody-Koloney auf seinem Rücken.

Er war total wütend. „Gott schütze uns alle, wenn er die Kette abbekommt!", sage ich. „Gott schütze uns!", sagt Mikeen und sieht sich nach einem Baum um, der leuchten könnte.

Genau in diesem Moment hörten wir ein lautes Hundegekreische und durch den Zaun kam die Meute der Rohrweihen, die die Reserveoffiziere im Lager dahinter hielten. („Rohrweihen" nannten sie sie, aber, meine Güte! Es gab nichts, was sie nicht gejagt hätten, vom Fuchs bis zum Truthahn, diese hier.)

„Was wollen sie denn jagen?" sagt Mikeen.

„Heute ist ein Hirsch, sagen die Zeitungen", sage ich, „aber der Liebe weiß, dass sie ihn diesen Monat nicht erwischen werden, er muss in dieser halben Stunde weg sein, und der Atem kommt von ihnen, ihren Zungen." hängt einen Meter rum", sage ich.

In diesem Moment gaben mir die Heiligen die Weisheit.

„Mikeen", sage ich, „ziehen Sie das Maskottchen vor sich her; wir werden heute Sport sehen."

„Sie selbst –" beginnt er.

„Hoult deinen Wunsch", sage ich, „und komm schon." Damit zerrten wir meinen Ziegenbock vor den Hunden hinaus und ließen die Kette los.

Die Hunde schnüffelten an dem kräftigen Schwall von Ody-Koloney und jaulten laut auf, wie alle Banshees in Irland, und der Billy kämpfte um sein Leben – ihm ist kaum ein Vorwurf zu machen!

Ich und Mikeen stiegen auf einen Doppelgänger, um den Sport zu sehen.

„Sie haben ihn", sagt Mikeen. „Das haben sie nicht", sage ich; „Die Kreatur heult sie um zwei Längen."

„Er hat sie verdoppelt", sagt Mikeen; „Er ist so schlau wie ein Jude."

„Er ist jetzt vor den Kaninchenlöchern", sage ich. „Ich danke den heulenden Heiligen, die er nicht begraben kann."

„Er ist gestolpert – sie haben ihn angeschrien", sagt Mikeen.

Und das war die tödliche Wahrheit, die Hunde hatten ihn.

Oh, aber es war ein Bowld-Billy! Er ging zwischen diese Hunde hinein wie ein Junge auf einen Jahrmarkt, man konnte hören, wie seine Hörner ihre Rippen aus einer Meile Entfernung beschimpften. Aber sie waren zu viele für ihn und bissen ihm mit jedem Bissen die prächtigen, seidigen Haare ab. So wie es flog, könnte man meinen, es sei ein Schneesturm.

„Sie haben ihn zerstört", sagt Mikeen.

„Das haben sie", sage ich, „Gott sei gepriesen!"

In diesem Moment sprang der Jäger im Laufschritt neben uns mit seinem Pferdegeschirr auf; er war vom Haar bis zu den Stiefeln mit Dreck bedeckt.

„Was haben sie da draußen?", sagt er, blinzelt durch den Schlamm und weiß nicht recht, was seine Hunde vor ihm herjagen, ob es ein Hirsch oder ein bengalischer Tiger ist.

„Das ist die königliche Maskottchenziege Ihrer Ladyschaft", sagte ich, „und Gott schütze Ihre Ehre, denn für die Arbeit dieses Tages wird sie Ihr Blut in einer Flasche haben."

Der Jäger stößt einen Fluch aus und reitet hinter ihnen her, flach auf seinem Sattel, beide Sporen reißend. Im Handumdrehen ist er unter den Hunden, reißt sie mit seiner Peitsche und flucht sie so sehr, dass man ihm nicht zuhören kann – er hat viel gelernt, dieser Offizier.

„Komm jetzt", sage ich zu Mikeen, dem armen Jungen, „lass uns gemeinsam die verhüllte Leiche der Kranken zu ihr zurücktragen, vielleicht hat sie einen Schilling in der Hand, so wie sie uns dafür belohnen würde, dass wir die Leiche vor den Hunden gerettet haben", sage ich.

Aber war mein Bowld-Maskottchen tot? Er war nicht. Er lebte und es ging ihm gut, die Dicke seiner Wolle hatte ihn gerettet. Trotzdem hatte er kein Haar mehr davon, und wenn er vor dir aufstand, würdest du ihn nicht erkennen; Ohne sein Vlies war er so gewöhnlich, er war nicht mehr als die Ziege eines gewöhnlichen armen Mannes, er war nicht schöner anzusehen als ein gehäutetes Kaninchen, und das ist die Wahrheit.

Er ging mit mir und Mikeen so sanftmütig wie ein junges Mädchen nach Hause.

Sie selbst kam aufgeregt herausgerannt, um ihn anzusehen.

„Ah, aber das ist nicht mein Maskottchen", sagt sie.

„Das ist es, Marm", sage ich; und ich habe es beim ganzen Kalender geschworen – Mikeen auch.

„Pah! Wie ekelhaft. Bring es zum Kuhstall", sagt sie und ging ohne ein weiteres Wort hinein.

Wir führten den Billy weg, er ließ den Kopf hängen aus Scham über seine Nacktheit.

„Du wirst nicht mehr Maskottchen spielen, Avic", sage ich zu ihm. „So wie du jetzt bist, würdest du einem blinden Bettler Pech bringen – du wirst nie wieder mit Trommeln und Tamburinen mitgehen können."

Und das war das wahre Wort, denn obwohl sie Mikeen dazu veranlasste, ihn täglich mit Bärenfett und Haarlotion einzureiben, bekam er nie wieder dasselbe prächtige Vlies, und er stand stundenlang grübelnd im Hinterfeld herum, ohne den Teufelsklan zu kennen; und wenn man ihm vielleicht mit einer Esche über die Rippen strich, um ihn aufzumuntern, sah er einen nur traurig an und machte keine Bemerkung.

VEGETATION DES 19. KRIEGES

Es ist Ihre Ladyschaft oben auf der Burg, der der Krieg am Herzen liegt. Mit ihr ist nichts zu lachen.

Sie kam aus England zurück mit den großartigsten modernen Konzepten für die Kriegsführung zu Hause, die man je gesehen hatte, und einem ausländischen Dienstmädchen, das sie in London eingestellt hatte.

„Sie ist ein armseliger belgischer Zufluchtsort, Delaney", sagt sie zu mir. „In dem Haus, das sie gerade verlassen hat, ist nichts mehr übrig als der Weinkeller, und der ist voller deutscher Hunnen – sie ist noch ganz nass vom Weinen", sagt sie; „also sei nett zu ihr, denn wir müssen unseren tapferen Verbündeten helfen."

So betritt die belgische Zuflucht das Schloss und wird Zofe. Außerdem ist sie eine feine, aufrechte junge Frau mit Kleidervorstellungen, die alle Mädchen vom Lande vor Neid erblassen ließen, und einem Hut auf dem Kopf, der wie ein Gewächshaus für die Blumen darin war. Aber endete ihre Kriegsarbeit damit, unsere tapfere Alice zu adoptieren? Nein. Sie gab den jungen Damen des Hochadels eine mächtige Organisation, und sie waren jeden Tag der Woche in Ballydrogeen, verkauften französische, italienische, roanische und japanische Flaggen und verdienten damit eine Menge Geld. Die Jungs, die zum Ballydrogeen Fair kamen, um ein bisschen auf ein Schwein einzuprügeln und vielleicht ein paar Tage mit dem Glückspfennig zu kosten, würden sich auf dem Heimweg im Eselskarren entblößen, Schwein und alles, nüchtern wie Steine und dick mit Flaggen beklebt, so als wären sie das Siegerboot bei der Galway Regatta. Denn das ist ein mutiger Bursche, der den jungen Damen des Hochadels Paroli bietet, wenn sie ihre besten Kleider tragen und auf Sie zutanzen, während die Lächeln und das Geschwätz wie goldener Sirup aus ihnen heraussprudeln, mit ihrem „Oh, Mickey, wie geht es deinem lieben, süßen Baby? Hast du nicht den kleinsten Schilling für mich, Kleines?" oder ihr „Guten Tag, Terry Ryan. Ich bin total verliebt in das braune Hengstfohlen, das Sie da haben, und ich werde meinen Vater bis ins Grab quälen, bis er es mir abkauft. Wollen Sie nicht eine kleine Flagge von mir, Terry Ryan?"

Aber endete ihre Arbeit im Krieg mit dem Verkauf der Flaggen? Nein. Am Morgen kommt sie elegant wie eine Pferdekutsche durch den Garten gelaufen und hält ihre Röcke hoch, damit sie nicht nass werden.

„Bist du das, Delaney?", sagt sie.

„Das ist es, Euer Gnaden", sage ich und krieche hinter dem Sumpf hervor.

„Hören Sie mir zu", sagt sie. „Diese Blumen sind heutzutage nichts weiter als ein Luxus. Ich will in meinem Garten nichts als Kriegserzeugnisse haben."

Ich sagte: „Entschuldigen Sie, aber was können sie sein?" Sie war einen Moment lang verwirrt und stand dann da und kratzte sich sozusagen am Ohr.

„Oh, nur gewöhnliche Pflanzen, die nur unter Kriegsbedingungen angebaut werden", sagt sie schließlich. „Auf jeden Fall will ich keine Blumen haben, also vernichte ich sie ganz und baue an ihrer Stelle Pflanzen an – verstehst du?", sagt sie.

„Das tue ich, Euer Ladyschaft", sage ich.

Ich muss hinein, um es Anne Toher, der Köchin, zu sagen. „Sie selbst ist dafür, die Blumen vollständig zu vernichten und Kriegsvegetarier anzupflanzen", sagte ich.

„Und was können sie sein?", sagt die Frau.

"Dasselbe wie gewöhnliche Gemüse, nur unter Kriegsbedingungen angebaut", sage ich. "Jede Kartoffel tut ihre Pflicht, jede Pastinake kämpft darum, zwei zu werden. Wir werden Karotten und Zwiebeln in einem Beet bis zur Haustür haben, und überall auf der Veranda wachsen grüne Bohnen. Sie gehen einfach aus dem Küchenfenster und bereiten das Abendessen selbst zu; das wird eine Menge Arbeit sparen", sage ich.

„Und was werden Sie mit der Tischdekoration machen, wenn die Gäste vorbeikommen?", sagt Anne Toher.

„Meiner Treu", sagte ich, „es ist alles klar. Ich werde nur ein paar Blumensträuße aus dem Treibhaus in die Vasen stellen, und wenn der Oberst vielleicht auf dem Landweg nach Hause kommt und einen Blumenstrauß hat, den er in seinen Mantel stecken kann, dann werde ich ihm einen schönen Zweig Petersilie mitbringen", sagte ich.

„Du armer Mann", sagt sie, „es wird dir das Herz sauer machen." Ah! Das war das wahre Wort, es war, als würde ich mein Herzblut aus den Wurzeln ziehen, um diese Blumen zu zerstören; aber es musste getan werden. Krieg ist Krieg.

Im Juni war der Garten nichts weiter als eine Ansammlung von Gemüse und es war verdammt viel Farbe darin, die das Auge anzog, ganz egal, wie lange man hinsah.

Eines Tages bin ich oben im Hof und schaue, ob Anne Toher vielleicht Lust auf Tee im Topf hat, während ich selbst einen Durst habe, der den Shannon übersteigen würde, von der Arbeit, die ich gerade in den Kartoffelplantagen verrichtete, als die Frau ihren Kopf aus dem Küchenfenster steckt. „Whist, Delaney", sagt sie, „es gibt schon etwas zum Mittagessen", sagt sie.

„Phwat gintry?", sage ich.

„Sir Patrick Freebody aus Michaelstown", sagte sie und blickte mich mit Blut an.

Sir Patrick Freebody hatte in Michaelstown den prächtigsten Garten, den man in ganz Irland finden konnte, und ein Cousin von mir, John O'Callaghan, war sein Gärtner. Aus demselben Grund gab es auch keine Liebe zwischen uns. Ich würde John O'Callaghan genauso schnell wecken wie den Teufel, und das ist die sterbliche Wahrheit, obwohl er mein Cousin war.

Ich wusste, dass ich so sicher sein konnte, dass ich in dieser Welt noch am Leben war. Der nächste Sir Pat würde vor einem leeren Tisch zu Mittag essen, und wenn er nach Hause nach Michaelstown ginge, würde er es John O'Callaghan erzählen, und ich würde von dem Gespött und Gejammer, das John O'Callaghan mir angetan hätte, wundgescheuert werden.

„Flüster, was werden sie essen?", sage ich zu Anne Toher.

„In zehn Minuten, so Gott will, und die Kartoffeln sind weich", sagt sie.

„Meine Güte", sagte ich zu mir selbst, „ich werde Blumen auf diesen Tisch stellen oder mir die Kehle durchschneiden", und ich rannte weg, ohne zu wissen, wo ich ihn finden würde, nicht im Umkreis von fünf Meilen. Aber ich war noch nicht einmal halb um die Lorbeerbüsche herum, als die Heiligen mir Licht schickten.

Innerhalb von sechs Minuten hatte ich Blumen in der mittleren Schüssel und ging hinter die Hutständer zurück, als sie und Sir Pat aus dem Salon kamen und zum Mittagessen gingen. Ich richtete mein Auge auf das Loch und beobachtete, mein Herz wie Wasser zwischen meinen Zähnen.

„Euer Sir Pat", murmelt und hustet er und redet über das Wetter, den Krieg und die Rekrutierung.

Sie selbst spricht über die Beschützer der Soldaten und ihre Kriegsarbeit und darüber, wie sie Angst hatte, der Oberst würde an der Front herumsitzen und ein nasses Schicksal erleiden.

Plötzlich bemerkt der Eulenmann die Blumen in der Schale und den Gassen über dem Tisch, die er auf seine halbblinde Art durch seine Brille anblinzelt.

„Wunderschöne Blumen haben Sie da, Lady Nugent, ein wahres Farbenmeer. Wie machen Sie das? Also, dieser Schlingel von Gärtner von mir –" Er lehnt sich wieder zurück und erzählt sich, wie John O'Callaghan seine Chrysanthemen verdorren ließ. Ihre Ladyschaft wirft einen blassen Blick auf die Blumen, ihre Augenbrauen ziehen sich hoch, sie wird rot wie eine Blässwurz und beißt sich auf die Lippe, sagt aber nichts. Gott segne sie! Ich wich zurück und atmete wieder leicht, aber in diesem Moment kommt unsere tapfere Alice, die belgische Zuflucht, die Treppe herunter, ganz aufgeregt, plappert wie ein Truthahn in der fremden Sprache und rennt direkt zur Tür des Esszimmers.

Es ist eine Gnade, dass ich eine schnelle Auffassungsgabe habe; Ich zog das Degen des Colonels von der Wand, wo es hing, und trieb sie davon, wobei ich damit auf sie wedelte, als würde ich den Schlag über ihre Luftröhre führen. Sie rennt die Treppe hinauf wie ein Berghase zwischen den Felsen und denkt: Vielleicht sind die deutschen Hunnen wieder aus dem Weinkeller auf sie losgegangen.

Eine Stunde später hörte ich Sir Pats Auto durch die Haustür huschen, also steckte ich mein Schwert in die Scheide und ließ sie aus ihrem Schlafzimmer, in dem sie sich eingesperrt hatte.

Mit einem kräftigen Schnörkel erhob sich das Mädchen, und sie selbst zwang mich, ihr von meinem Lohn einen neuen Hut zu kaufen, da ihr Eulenhut durch das Einweichen und Zerdrücken in der Blumenschale zerstört worden war; Aber es war mir egal, denn ich kam am Sonntag in Michaelstown an John O'Callaghan vorbei, ein verdammtes Wort sagte er, blickte mich aber auf eine Art und Weise finster an, dass es mir im Herzen gut tat, das zu sehen.

XX

EIN FRONTWECHSEL

Als wir einschliefen, wirbelten schneeweiße Gänsefedern gegen die Fenster des Waggons, und als wir aufwachten, sahen wir auf der einen Seite ein Meer aus schimmernder Seide, das weiße Spitzen entlang einer märchenhaften Küste warf, und auf der anderen Seite rosa und gelbe Villen, die zwischen Palmen- und Orangenhainen eingebettet waren.

„Natürlich passiert so etwas im wirklichen Leben nicht", sagte Albert Edward und drückte seinen Rüssel gegen die Scheibe. „Entweder ist das alles ein Traum, oder diese Orangen leuchten plötzlich auf; George Grossmith, mit Zylinder und Gamaschen, stolpert von der OP-Seite herein; aus jeder Palme blühen Mädchen, und alle Ränge sind mit Gesang und Tanz beschäftigt – tra-la-la!"

Das Baby strampelte seine Decken weg und setzte sich auf. „Nichts dergleichen. Wir sind im bekannten Italien angekommen, das ist alles. Hauptstadt – Rom. Exporte – alte Meister, Chianti und Drehorgeln. Liegt nach Süden und wird zentral vom Vesuv beheizt."

Wir ratterten in einen Einschnitt, dessen Seiten mit Plakaten geschmückt waren: „Gute Gesundheit bei England", „Viel Glück bei Tommy", und hielten an einem mit Flaggen geschmückten Bahnhof, auf dessen Bahnsteig eine Abordnung lächelnder Signorinas stand, die den Atkinses Postkarten, Obst und Zigaretten und uns selbst Blumen überreichten.

„Sehr *nett* – äh, was?", sagte das Baby, als der Zug wieder zu rumpeln begann. „Trotzdem wünschte ich, wir könnten ihnen nett danken und ihnen sagen, wie froh wir sind, dass wir gekommen sind. Kann irgendjemand das Geplapper übernehmen?"

Albert Edward dachte, er hätte es getan. „Als ich ein kleiner Junge war, habe ich jede Menge italienische Literatur durchgelesen; technisches Militärmaterial über die Teilungen Galliens von einem gewissen J. Cæsar."

„Zu technisch für den Alltagsgebrauch", wandte ich ein. „Ich glaube, eine Person namens D'Annunzio ist jetzt ihr Bestseller."

„Jemand sollte besser an der nächsten Haltestelle aus dem Bus steigen und ein Buch mit den Wörtern kaufen", sagte das Baby.

Beim nächsten Halt wich ich der Abordnung aus und kaufte einen Sprachführer mit einem Union Jack auf dem Einband mit dem Titel „ *Der englische Soldat in Italien"*, erschienen in Mailand.

Unter den militärischen Begriffen, die unter der Überschrift „Der weltliche Krieg" zusammengefasst werden, wird eine *Garetta* (Wachhäuschen) als „Wachhäuschen" definiert, und der Maschinengewehrschütze wird überrascht sein, wenn er selbst als „Kartätschenschütze" beschrieben wird. Es enthält auch kurze Gespräche für den aktuellen Gebrauch.

„Haben Sie englische Papiere?"

„Ja, Sir, es gibt *The Times* und *Tit-Bits* ."

(Ist es möglich, dass das Land von Vergil, Horaz und Dante *die Daily Mail nicht kennt* ?)

„Gib mir bitte viele Kekse."

„Nein, Sir, wir haben keine Kekse; deren Herstellung wurde von der Regierung vermieden."

„Herr Ober, zeigen Sie mir ein gutes Bett, in dem man ungestört schlafen kann."

Im Zug :-

„Dickens! Ich habe mein Ticket verloren."

„Leider wirst du den Preis eines anderen bezahlen."

Bei Taxifahrern empfiehlt sich eine scherzhafte Ader:

„Coachman, bist du frei?"

"Jawohl."

„Dann lebe die Freiheit."

Sehr junge Subalternen mit romantischen Vorstellungen verschwenden vielleicht gutes Biergeld für ausländische Sprachführer und verstricken sich in hoffnungslose internationale Verwicklungen, aber nicht der alte Atkins. Der englische Soldat in Italien wird das sprechen, was er in Poperinghe, Amiens, Kairo, Saloniki, Daressalam, Bagdad und Jerusalem immer mit vollem Erfolg gesprochen hat, nämlich Englisch.

Doch zurück zu unserem Zug. Bei Einbruch der Nacht ließen wir die märchenhafte Küste mit ihren lächelnden *Damen* , Flaggen, Blumen und Früchten hinter uns und durchstreiften eine Landschaft, die sich vom Sommer in den Winter verwandelte. Während eines Halts inmitten mondbeschienener Schneelandschaft öffnete sich die Tür unseres Waggons und wir erblickten einen italienischen Offizier, der salutierte und uns im Schnellfeuer seine Muttersprache vorführte.

„Er meint uns", sagte das Baby. „Antworte ihm, irgendjemand. Sag ihm, wir sind auf seiner Seite und so weiter."

„ *Viva l'Italia* ", rief William prompt.

Der Italiener konterte mit einem „Viva l'Inghilterra" und fuhr mit seinem Monolog fort.

„Er scheint etwas zu wollen", sagte Albert Edward. „Ich frage mich, ob Cäsar zu technisch für ihn ist."

„Lesen Sie ihm etwas aus *Der englische Soldat in Italien vor* ", schlug ich vor.

Das Baby blätterte fieberhaft im Handbuch. „,Lasst uns einsteigen, der Schaffner hat schon gerufen' – Nein, das geht nicht. ,Geben Sie mir bitte eine Fahrkarte für Hin- und Rückfahrt' – Das geht auch nicht. ,Ja, ich habe einen Koffer und eine Reisetasche' – Oh, das ist absurd." Er warf das Buch von sich.

In diesem Moment heulte die Lokomotive, die Waggons bockten ein wenig und begannen, vorwärts zu rucken. Der Italiener sprang auf das Trittbrett und fuhr, sich am Handlauf festhaltend, emotional durch das Fenster fort, zu deklamieren. William wurde alarmiert. „Dieser Kerl hat etwas auf dem Herzen. Vielleicht will er uns sagen, dass eine Brücke gesprengt wurde, oder dass der Zug ohne Fahrbefehl losfährt, oder dass der Fahrer betrunken ist. Um Himmels Willen, kann jemand etwas tun – und zwar schnell!"

Daraufhin brach Babel los und jeder von uns feuerte in seiner Panik die fremde Sprache ab, die ihm am leichtesten über die Lippen kam.

William verlangte auf Arabisch nach einem Bad. Das Baby verlangte auf Französisch nach Champagner. Albert Edward lehnte „*Mensa*" ab , während ich durch einen glücklichen Zufall eine Sprache fand, die der Italiener mit einem freudigen Aufschrei erkannte. Einen Moment später waren die Erklärungen vorbei, ich hatte ihn in den Wagen gehoben und die Tür zugeschlagen.

Der Neuankömmling war ein Leutnant der Gebirgsartillerie. Er kam aus dem Urlaub zurück, hatte sich der Obhut eines Eisenbahnverkehrsbeamten anvertraut, hatte dadurch jeden regulären Zug verpasst und wollte zum nächsten Knotenpunkt mitgenommen werden. Das war alles. Dann machte ich mich daran, es ihm so bequem wie möglich zu machen, wickelte ihn in eine der Decken des Babys und gab ihm seinen ersten Whisky aus William's First Field Dressing. Mit Tränen über seine Wangen machte er seiner Bewunderung für das britische Nationalgetränk Luft.

Im Gegenzug machte er mich mit dem italienischen Nationalrauch bekannt, einer Endloszigarre, die man durch einen Strohhalm aufsaugt. Zwischen heftigen Krämpfen flehte ich nach Namen und Adresse des Herstellers. Wir waren beide sehr perfekte Herren.

Dann plapperten wir über den Krieg; Er prahlte mit den gewaltigen Schneetiefen, in denen er kämpfte, während ich mit dem Flandern-Schlamm prahlte. Wir sind in diesem Kampf fast ausgeglichen. Mit Gebirgsgeschützen hat er ein wenig zugelegt, aber ich habe alles und noch mehr mit Panzern zurückbekommen. Er hatte noch nie einen gesehen, also hatte ich alles auf meine eigene Art und Weise. Nachdem ich mit ihnen fertig war, konnten unsere Panzer fast alles außer Stricken.

Im Feld besiegt, kehrte er nach Rom zurück, um etwas zu finden, mit dem er prahlen konnte. „Ich sollte mir den Petersdom ansehen", sagte er. Es war großartig und die römischen Kunstschätze unübertrefflich.

Ich antwortete, dass unsere Kathedrale in Westminster viel neuer sei und dass die Kunst in unserem National Cold Storage durchschnittlich 5473 19 Pfund gekostet habe. 154d. Pro Quadratfuß. Konnte er es schlagen?

Das brachte ihn für einen Moment aus der Fassung, aber er kämpfte sich mit der Bemerkung zurück, er habe sein Kolosseum im Mondlicht gesehen.

Ich antwortete, dass wir bei uns modernes elektrisches Licht, Murphy und Mack, Vesta Tilley und das Bioskop hätten.

Ob er sich davon erholt hätte, weiß ich nicht, denn in diesem Moment funkelten die Lichter der Kreuzung durch die bereiften Fenster, und er machte sich auf den Weg, nachdem er mir versprochen hatte, zuerst in unserer Messe vorbeizuschauen und noch etwas Whisky zu dulden, wenn ich im Gegenzug auf seinen Berg klettern und die Gämse und das Edelweiß treffen würde.

Später, als ich mein Bett für die Nacht machte, steckte Albert Edward seinen Kopf aus dem Kokon aus Pferdedecken, in den er sich eingewickelt hatte.

„Übrigens, was für ein gottloses Kauderwelsch haben Sie und dieser Italiener da so gesellig miteinander besprochen?"

„Deutsch", flüsterte ich, „aber erzählen Sie es um Gottes Willen niemandem."

XXI

ANTONIO GIUSEPPE

Unsere Staffel ist zurzeit in einem Gebäude einquartiert, das die Immobilienmakler als „einzigartiges Anwesen der alten Welt" beschreiben würden, einem baufälligen Gebäude, das von Süden wie ein Palast und von Norden wie ein Arbeitshaus aussieht.

Seine Karriere begann vor langer Zeit als luxuriöses Wochenend-Bungalow für Dogen. Im Laufe der Zeit wurde es zu einem Kloster.

Als die frommen Mönche die Macht übernahmen, machten sie sich ans Tünchen und zerstörten die meisten der scherzhaften Wanddekorationen der Dogen. Die meisten, aber nicht alle.

Ich glaube, der Abt war in seiner Jugend auf den Boulevards unterwegs und hat einige der helleren Flecken der eher vergnüglichen Fresken in Erinnerung an alte Zeiten und um sein Herz während der Fastenzeit zu stärken, verschont. Jedenfalls sind sie immer noch da.

Heute kauen unsere langgesichtigen Kumpels ihr Futter in Kreuzgängen, wo einst die guten Mönche ihr Gebet beteten, und unsere mutigen Sergeantjungs schlürfen ihre Stärkungsmittel unter einer bemalten Decke, auf der Rackham-Satyr abgebildet sind, die Kirchner-Nymphen durch eine Leader-Landschaft treiben.

Ein kleiner Teil eines riesigen Flügels wird von einer Flüchtlingsfrau bewohnt, die sich in geordneten Bahnen zur Ruhe gesetzt hat und die ganze Menagerie mit sich geschleppt hat: Kälber, Hühner, Kinder, Esel, geschecktes Schwein und alles andere.

Als wir hier zum ersten Mal unser Haus betraten, hörten wir seltsame nächtliche Rascheln und Schlurfen über uns, wo keines sein sollte, und führten sie auf den Geist des Abtes zurück, der mit einem Eimer Limette aus dem Fegefeuer zurückgekehrt war und sich bemühte, seine früheren Fehler auszuwaschen . Später entdeckten wir, dass es die Kälber waren, die aus unerklärlichen Motiven lieber auf dem Dachboden lebten. Wie Mrs. Refugee sie dort überhaupt hochgehoben hat und wie sie vorschlägt, sie wieder herunterzuholen, wenn sie reif sind, sind Fragen, die nur sie allein beantworten kann, die sie aber nie beantworten wird, weil wir nicht genug Italienisch haben, um sie zu fragen.

Das gescheckte Schwein wird ausschließlich durch freiwillige Spenden finanziert und hält, wie viele andere Einrichtungen dieser Art, häufige Fastenzeiten ab. Als er sich hierher zurückzog, gab es keinen Stall, der ihn aufnehmen konnte; Aber Mrs. Refugee hat mit der praktischen Originalität, die sie auszeichnet, irgendwo einen ausgedienten Hundezwinger aufgespürt und ihn dort verankert. Dies hatte zur Folge, dass in ihm eine Doppelpersönlichkeit entstanden war.

Manchmal denkt er, er sei nur das fette alte Schwein Dolce F. Niente, und benimmt sich auch so, und man kann auf ihm herumtrampeln, ohne seinen melodischen Schlaf zu stören. In anderen Fällen sind Halsband und Kette seine Beute, und er stellt sich vor, er sei Patrise Defensor, der treue Wachhund, und mäht alle Ankömmlinge nieder.

Den Kindern und Vögeln geht es gut. Sie entdecken schnell, was unzählige Vögel und Kinder auf der ganzen Welt vor ihnen entdeckt hatten, nämlich, dass die Turteltaube im Vergleich zum britischen Krieger und seinem Schlachtross ein wildes Tier ist, und sie schikanieren die wehrlosen Kreaturen entsprechend.

Das Ergebnis ist, dass die Atkins-Familie nur die Spelzen ihrer Ration bekommt, die die Kinder vernachlässigt haben, und dass die Hühner den Haarigen nur den Hafer gestatten, mit dem sie unmöglich davontaumeln können.

Auch der Esel Antonio Giuseppe war ein Kriegsgewinnler. Der Handel könnte stagnieren, Armeen könnten zusammenstoßen und kämpfen, Nationen könnten verbluten, das war ihm egal. „ *Viva la guerra!* " sagte Antonio Giuseppe. „Solange es eine britische Einheit gibt, mit der man auswärts essen kann, bin ich dafür." Diese Gefühle waren zwar bedauerlich, aber nicht ohne Grund, denn bis zu unserer Ankunft bezweifle ich sehr, dass er jemals in seinem Leben eine vollständige Mahlzeit – einen echten Rippenriss – zu sich genommen hatte.

Er war ein elendes kleines Geschöpf, etwa einen Meter hoch und sechs Zoll breit. Indem er seinen Schwanz einsteckte, hätte er auf jedem Kostümball als Kaninchen durchgehen können. Sein Kostüm war ein Flickenteppich aus haarigen Büscheln und kahlen Stellen. Ich glaube, er muss einmal ohne Kampfer in eine Schublade gelegt worden sein und von einer Motte zerfressen worden sein.

Ein verrufener Lumpenmensch war Antonio Giuseppe, der Esel, aber trotzdem hatte er ein gutes Gespür für sich und war zu seiner Zeit der Leichtgewichts-Diner-Champion – von ganz Italien – wahrscheinlich sogar von der Welt.

Nachts ruhte er zusammen mit Mrs. Refugee, den Bambini und den Hühnern in der Küche. Den Tag verbrachte er in seinem Beobachtungsposten, lauerte hinter einem Schirm aus Maulbeeren und Weinreben und behielt die Pferde im Auge.

Sobald ihre Nasensäcke angelegt waren, begann er sich heimlich auf die Leinen zuzubewegen und schätzte die Zeit so, dass sie genau in dem Moment ankamen, in dem sich die Nasensäcke lösten und die Heunetze hochgezogen wurden. Dann glitt er sanft zwischen den Pferden hindurch und bediente sich. Da er winzig und sehr diskret war, blieb er oft unbeobachtet, aber sollte der Linienwächter ihn entdecken, hatte er seinen Plan, was zu tun war.

Oft habe ich gesehen, wie ein schwitzender und blasphemischer Kavallerist den geflügelten Antonio Giuseppe mit einem Stallbesen um die Linien verfolgte; doch als der Besen herabkam, war Antonio Giuseppe nicht da, um ihn entgegenzunehmen. Er zwickte unter dem Brustseil hindurch, schlüpfte unter dem Bauch eines Pferdes hindurch und zwischen den Beinen eines anderen wieder hinaus, wich zwischen den verblüfften Tieren hindurch und um sie herum wie ein Läufer durch ein loses Gedränge oder ein eingefettetes Schwein auf einem Jahrmarkt und schnappte sich im Vorbeigehen eine großzügige Spende aus jedem Heunetz. Mit dieser Methode gedieh Antonio immer besser; doch die Geschichte der zersplitterten Besen wurde immer länger und der Quartiermeister mochte mich nicht.

Gestern hat der General angedeutet, dass er uns gern inspizieren würde. Wie immer bereit, diesem Wunsch nachzukommen, haben wir uns geleckt, poliert, gebürstet und poliert, unsere Kopfseile mit Tonerde bestrichen, unsere Schnurrbärte pomadisiert, unsere Nasen gepudert und sind aufmarschiert.

Wir paradierten heute in Regimentskolonne auf einem Feld westlich unseres Palast-Arbeitshauses und saßen steif in unseren Sätteln, während der fröhliche Sonnenschein auf das Lederzeug schien und auf Messing und Stahl glitzerte, und wir waren uns bewusst, dass wir jedem Schönheitschor Paroli bieten könnten.

Eine schrille Trompetenfanfaronade ertönte, die den Salut erklang, und ein Glanz aus Gold und Scharlachrot wie ein Sonnenuntergang bei Turner erschien in Sichtweite – der General und sein Stab.

Im selben Moment erspähte uns Antonio Giuseppe von seinem Beobachtungsposten aus, und als ihm in den Sinn kam, dass wir draußen picknickten (es war etwa Mittagszeit), eilte er herbei, um sich uns anzuschließen. Als der General die führende Schwadron erreichte, erreichte Antonio Giuseppe die nächste Schwadron, schlüpfte unauffällig in ihre Reihen und hielt nach den Heunetzen Ausschau.

Der Stellvertreter bemerkte jedoch seine Ankunft und gab seinem Trompeter ein Zeichen. Der Trompeter sprang nach vorne und stieß Antonio Giuseppe mit der Schwertspitze in die Hinterhand, um ihn zum Weitergehen zu bewegen. Antonio, der glaubte, die Linienwächter seien hinter ihm her, stieß mit einem neuartigen Besen ein schmerzerfülltes Quieken aus und begann sofort mit seinen Streicheleinheiten um die Pferdebeine herum. Es gefiel ihnen überhaupt nicht; es kitzelte und verärgerte sie; Sie wechselten von der Horizontalen in die Vertikale, kicherten und scharrten in der Luft.

Es wurde ernst. Ein schwankender Tatterdemalion-Esel, der mit einem Geschwader Kriegspferde „Ring o' Roses" spielt und sie so in Hysterie versetzt, schmälert die Erhabenheit solcher Anlässe und ist kein passendes Spektakel für einen General. Ein zweiter Trompeter beteiligte sich an der Verfolgungsjagd und versetzte Antonio Giuseppe einen direkten Schlag in die weiche Nase, als er unter dem Schwanz einer stürzenden Stute davontauchte. Antonio drehte sich um und floh mit zitternden Ohren in Richtung des mittleren Geschwaders und brüllte gequält SOS. Die beiden Trompeter, junge und leidenschaftliche Burschen, donnerten hinter ihm her, die Schwerter im Anschlag, und rasten Knie an Knie um das erste Blut. Sie trafen gleichzeitig mit dem Ende seines Schwanzes, und Antonio, bis ins Mark getroffen, schoss direkt durch (oder besser gesagt unter) der mittleren Staffel in die Beine des Pferdes des Generals, brachte das majestätische Tier zu Fall und brachte das ganze stattliche Gebäude zum Einsturz ein besonders schlammiger Fleck Italiens.

Ein gewaltiger und schrecklicher Moment! Wie mein Stallbursche und Landsmann es ausdrückte: „Man konnte die Stille meilenweit hören." Der General brach sie nicht. Ich glaube, sein Mund war zu voll mit Schlamm und losen Zähnen, um Worte zu finden. Er erhob sich langsam aus dem Schlamm wie ein alter Walross, der sich durch ein Bett aus totenschwarzem Seegras kämpft, Schleim tropfte von seinen Schnurrhaaren und humpelte grimmig vom Schlachtfeld, gefolgt von seinem bleichen Stab, der Taschentücher und Riechsalze anbot. Aber ich habe gehört, dass er sich deutlich artikulieren konnte, als er nach Hause kam, und das Ergebnis davon ist, dass wir in die vorderste Reihe der grausamsten Schlacht gestellt werden, die für uns arrangiert werden kann.

Und was ist mit Antonio Giuseppe, dem Esel, der für all das Unheil verantwortlich ist?, fragen Sie sich.

Antonio Giuseppe, der Esel, wird nie wieder lächeln, lieber Leser. Mit beschnittenen Rändern und dem Aufdruck „Willkommen" auf dem Rücken mag er als räudiger Fußabtreter für irgendeine Vorstadt-Maisonettewohnung dienen, aber im gegenwärtigen Moment liegt er im Schlamm des Exerzierplatzes, so flach wie eine Sohle im Sand -Bank und wartet darauf, dass ihn jemand zusammenrollt und wegträgt.

Wenn ein vollwertiger Generalmajor fällt, fällt er schwer.

XXII

„ICH SPIONIERE"

Ich steckte meinen Kopf in die Messe und entdeckte, dass Albert Edward allein dort war und Patience betrügte.

„Mein Urlaubsbefehl ist gekommen und ich bin weg!" sagte ich. „Wenn Foch anruft, sagen Sie ihm, dass er sich vierzehn Tage lang alleine durchschlagen muss. Cheeroh!"

„Cheeroh!" sagte Albert Edward. „Grüße Nero, Borgia und alle Jungs von mir."

Ich schlug die Tür vor seiner Nase zu und machte mich auf den Weg nach Rom.

Dort angekommen versuchte ich, dem Papst eine Karte zuzuwerfen, wurde aber von einem Hellebarden im Kostüm zurückgewiesen; besuchte die Katakomben (übrigens haben wir Sünder der letzten Tage in der Kunst des Katakombenwanderns nichts von den frühen Heiligen zu lernen. In Arras im Jahr 1917 haben wir ja – na ja, das ist jetzt egal!); behielt ein ernstes Gesicht, während Musikkapellen feierlich „Tipperary" anstimmten (in dem Glauben, es sei die britische Nationalhymne); kaufte einen Scheffel Mosaikbroschen und mehrere Millionen Ansichtskarten und benahm mich die ganze Zeit über wie der perfekte kleine Ausflügler.

Dann eines Tages, als ich in einen Hotelaufzug stieg, stieß ich mit dem aussteigenden Wilfrid Wilcox Wilbur zusammen.

Sie alle haben die Werke von Wilfrid Wilcox Wilbur gelesen (*Passionsblumen* , *Purple Patches* usw., Boost and Boom. 6s.); wenn nicht, sollten Sie das tun, denn Wilfrid ist der Richtige für das Schluchzen der Seele, das Herzklopfen und das Aufwärmen von kalter Schrift im Allgemeinen.

Vor dem Krieg war er in Londoner Salons zur Teezeit zu sehen, mit einer etwas längeren Mähne als in den besten Menagerien, was eine sehr realistische Nachahmung eines Schoßhundes darstellte. Und jetzt sehen Sie ihn in Militäruniform durch die Ewige Stadt paradieren!

„Was machst du hier?", keuchte ich.

Er legte einen Finger an seine Lippen. „Psst!" Dann schubste er mich in den Aufzug, stieß den Wärter aus, drehte einen Griff und wir schossen in die Höhe. Auf halbem Weg zwischen Himmel und Erde stoppte er das Transportmittel, und nachdem er sich ganz vergewissert hatte, dass wir weder von Menschen noch von Engeln belauscht wurden, lehnte er sich an mein Ohr und flüsterte: „Geheimdienst!"

Ich war erstaunt. "Nicht wirklich!"

Wilbur nickte. „Ja, wirklich! Deshalb muss ich so vorsichtig sein. Sie haben überall ihre Agenten, die zuhören, zuschauen und sich Notizen machen."

Ich hatte für einen Moment Angst, dass sie (wer auch immer sie waren) meines gestohlen haben könnten.

„Und haben Sie auch Agenten, die zuhören, Notizen machen und Wachen übernehmen?" Ich fragte.

Wilbur sagte, er habe es getan, und erklärte weiter, sein System sei so perfekt, dass eine Katze ohne sein volles Wissen und seine Zustimmung kaum irgendwo zwischen dem Yildiz-Kiosk und der Wilhelmstraße aufwachsen könne. Ich war sehr begeistert, denn ich hatte mir zuvor vorgestellt, dass die ganze Spionagegeschichte mit Geheimdiensten eine Erfindung des Zeitschriftenautors sei, doch hier war der kleine Wilbur, der nach eigener Aussage ein Leben voller blutrünstiger Dramen führte, mehr Queuxrious als Fiktion, und reicher als Garavice es sich hätte träumen lassen. (Verleger – „Tut-tut!" Autor – „Peccavi!")

Ich war ganz aufgeregt. „Hören Sie mal", flehte ich, „wenn Sie irgendwann einen Coup landen wollen, lassen Sie mich unbedingt mitkommen!"

Wilbur erhob Einwände. Die Branche sei nicht scharf auf Amateure, erklärte er. Sie seien zu ungestüm und es fehle ihnen an Feingefühl. Wenn sich jedoch die Gelegenheit böte, könnte er vielleicht ... – Ich drückte ihm die Hand. Als ich dann sah, dass die Glocken auf allen Landungen seit etwa fünfzehn Minuten in Aufruhr waren und der Schaffner nach seinem Aufstieg begann, das Kabel zu umschwärmen, fielen wir wieder auf die Erde zurück, gaben es ihm zurück und gingen zum Mittagessen.

„Und jetzt erzählen Sie mir etwas über Ihre Methoden", sagte ich, als wir uns zum Essen setzten.

Wilbur packte mich sofort am Kragen und zog mich hinter sich unter den Tisch.

„Was ist denn jetzt los?", schluckte ich.

„Dummkopf!", zischte er. „Der Kellner ist ein bulgarischer Spion."

„Dann lasst uns ihn verhaften", sagte ich.

Wilbur stöhnte. „Oh, ihr Amateure, ihr würdet alles niedermachen und alles ruinieren!"

Ich entschuldigte mich kleinlaut, und wir verließen wieder die Deckung und setzten unser Essen fort, schweigend, denn (laut Wilbur) war die Wasserstoffblondine, die am Nebentisch Schlangenbeschwörungstricks mit Spaghetti vorführte, ein ungarischer Agent, und in den Topfpalmen versteckte sich ein Türke nahe.

Ich war begeistert und begeistert und begeistert.

Dann folgten aufregende Tage. Rom war damals, so nahm ich an, das Zentrum der Spionageindustrie und auf dem Höhepunkt der Detektivsaison, denn sie umzingelten uns von allen Seiten – so Wilbur. Ich wurde ständig in den Schatten dunkler Arkaden gezerrt, um österreichischen Admiralen auszuweichen, die als Müllmänner verkleidet waren, ich wurde durch dunkle Gassen gejagt, um den Machenschaften bolschewistischer Abenteurerinnen zu entgehen, die sich als Gemeindepriester ausgaben, und ich wurde in Springbrunnen untergetaucht, um den bösen Blicken deutscher Diplomaten zu entgehen, die als Blumenmädchen getarnt waren – so Wilbur.

Ich war so begeistert, dass ich mir einen Stiletto und eine falsche Nase kaufte.

Nachdem ich jedoch ungefähr eine Woche lang den treuen Watson für Wilburs Sherlock gespielt hatte, ohne eine einzige Verhaftung herbeigeführt, einen Kurier unter Drogen gesetzt, eine Seele mit Stilettos versehen zu haben oder einmal meine falsche Nase tragen zu dürfen, wurde mein Nervenkitzel weniger gewalttätig, und ich gab Wilbur den Ausrutscher Am Nachmittag ging ich alleine auf die Jagd. Gegen vier Uhr führten mich meine Nachforschungen zu Latour's. An einem kleinen Marmortisch, der Eis schleckte, während ein Kätzchen Sahne schleckte, sah ich den vorläufigen Leutnant. Mervyn Esmond.

Sie alle erinnern sich an Mervyn Esmond, den mit den Gamaschen, der Brille und dem grauen Zylinder, den Super-Knut des Frivolity Theaters, der vor den vielen „funkelnden Zehen" des Super-Beauty-Chorus so anmutig herumtollte und sang „Billy von Piccadilly." Sie müssen sich an Mervyn Esmond erinnern!

Aber das war der Esmond von einst, seit langem leistet er hervorragende Arbeit als Kommandeur einer Pierrot-Truppe der Armee.

Ich setzte mich neben ihn, stahl sein Eis und aß es für ihn auf.

„Und was machst du jetzt hier?" Ich fragte.

„Ich bin von der Schlange gekommen, um ein paar neue Kleider für Queenie zu besorgen", antwortete er. „Sie – das heißt er – ist völlig in Lumpen gekleidet, platzt bei jedem Auftritt ein Paar Korsetts und ein Paar Seidenstrümpfe, ein sehr teures Stück."

Ich sollte hier und jetzt besser erklären, dass Queenie die Hauptdarstellerin in Mervyns Truppe ist. Sie – das heißt er – begann ihre – seine – Militärkarriere als Artilleriefahrerin, doch es stellte sich heraus, dass sie eine sehr schrille Falsettstimme besaß und sich sofort weiblichen Nachahmungen widmete.

„Sie – er – ist jetzt bei der Schneiderin", fuhr Mervyn fort, „und kämpft mit einem halben Dutzend *hysterischer* Schaufensterpuppen. Ich werde sie – ihn, sollte ich sagen – trotzdem hochziehen. Hören Sie zu. Zierlicher Ninon-Georgette mit Chenilnähten umrandet . Charmeuse-Obertunika, bestickt mit Musselin- und Stinktier-Pompons, durchflochten mit blauen Babybändern, Camis—"

"Stoppen!" Ich donnerte. „Willst du, dass ich mich zu Tode erröte? Ich bin nur ein grober Soldat."

Mervyn entschuldigte sich, wickelte sich um ein weiteres Eis und fragte mich, wie ich mich in Tiberstadt amüsiere.

Nachdem ich mich zunächst vergewissert hatte, dass unter dem Tisch oder zwischen den Topfpalmen keine feindlichen Agenten versteckt waren, schüttete ich ihm meine Seele aus, was Wilbur und die Staatsstreiche betrifft, die nie zustande kamen.

Er starrte mich einige Augenblicke mit funkelnden Augen an, dann beugte er sich über den Tisch.

„Mein aktives Gehirn hat einen wunderschönen Plan entwickelt", sagte er. „Es gehört dir für ein weiteres Eis."

Ich kaufte es.

* * * * * * *

Ich fand Wilbur, wie er die Menge hinter einem hohen Glas in der Excelsior-Lounge aufspürte, ihn in den Aufzug zerrte, ihn auf halbem Weg zwischen hier und dem Jenseits aufhängte und ihm meine großartigen Neuigkeiten zuflüsterte.

"Wo wann?" schrie er und erbleichte.

„In meinem Hotel um Mitternacht", antwortete ich. „Ich habe mich in einem Kleiderkorb versteckt und alles gehört. Wir werden ihre Schurkentricks zunichte machen, du und ich."

Wilbur schien nicht so begeistert zu sein, wie ich erwartet hatte, er summte und schwatzte und plauderte über meine Amateurhaftigkeit und Ungestümheit; aber ich war hartnäckig und nahm ihn fest am Arm und führte ihn zum Abendessen.

Ich ließ seinen Arm die nächsten fünf Stunden kaum los, da ich es für sicherer hielt.

Fünf Minuten vor Mitternacht führte ich ihn die Treppe meines Hotels hinauf, ging auf Zehenspitzen in ein bestimmtes Zimmer und schaltete das Licht ein.

„Sehen Sie die Tür da drüben?" Ich flüsterte und deutete: „Das ist das Badezimmer. Versteck dich dort. Ich werde im Kleiderschrank versteckt. In fünf Minuten werden die Verschwörer erscheinen. In dem Moment, in dem du mich schreien hörst: „Hände hoch, Otto von Schweinhund, *le jeu est fait*." ' oder Worte in diesem Sinne – stürmte aus dem Badezimmer und fing die Dame an.

Ich schob Wilbur ins Badezimmer (er zitterte leicht, zweifellos vor Aufregung) und schloss die Tür.

Ich hatte mich kaum im Kleiderschrank eingeschlossen, als ein Mann und eine Frau den Raum betraten. Sie waren beide in voller Abendgarderobe, der Mann war ein hübscher Schlingel, die Frau eine große, träge Schönheit, prächtig gekleidet. Sie warf sich auf einen Stuhl und zündete sich eine Zigarette an. Der Mann schloss sorgfältig die Tür ab und durchquerte den Raum auf sie zu.

„Hansa", zischte er, „hast du die Pläne der Festung bekommen?"

Sie lachte, nahm ein Päckchen Papier aus dem Busen ihres Kleides und warf es auf den Tisch.

„Es war einfach, *mein Lieber*."

Er fing es auf und hielt es hoch.

"Sieg!" er weinte. „Das Vaterland ist gerettet!"

Er ging um den Tisch herum und blieb mit funkelnden Augen vor ihr stehen.

„Du schöner Teufel", murmelte er mit geballten Zähnen. „Ich wusste, dass du es schaffen würdest. Ich wusste, dass du den jungen Attaché verzaubern würdest. Alle Menschen sind Marionetten in deinen Händen, schöner, schöner Teufel!"

Der Moment war gekommen. Hastig setzte ich meine falsche Nase auf, riss den Kleiderschrank auf, rief das Signal und bedeckte das Paar mit meinem Stilett. Die Frau schrie und warf sich ihrer Komplizin in die Arme.

„Ah, ha, schon wieder vereitelt! Verflucht seist du!", knurrte er und bedeckte mich mit den Plänen der Festung.

Ich rang mit ihm, er rang mit mir, der schöne Teufel rang mit uns beiden, wir rangen alle.

Von der Badezimmertür aus war keine Bewegung zu hören.

Wir haderten noch mehr, wir haderten mit dem ganzen Tisch, dem Waschtisch und einer Stuhlreihe. Der Bösewicht verlor seinen Schnurrbart, der Bösewicht verlor seine schöne goldene Perücke, der Held (ich) verlor seine falsche Nase. Ich rief noch einmal das Signal, der Bösewicht rief es, der Bösewicht rief es, wir alle riefen es.

Von der Badezimmertür aus gab es keine Bewegung.

Wir kämpften noch mehr, wir kämpften über die Kommode, unter dem Teppich und in den Handtuchhalter hinein und wieder heraus.

Von irgendwoher ertönte ein gedämpfter Bericht über den schönen Teufel.

„Um Himmels willen, beruhige dich!" Sie keuchte in meinem linken Ohr. „Meine Korsetts sind weg!"

Dann, da von der Badezimmertür aus immer noch keine Bewegung zu hören war und keiner von uns mehr einen Ring in uns hatte, riefen wir „Zeit".

Mervyn setzte sich sauer auf die Bettkante und betrachtete die heruntergekommene Queenie.

„Noch einmal in Lumpen, zwanzig Pfund schweres Georgette, Charmeuse und Ninon, wie heißt das denn, in Stücke gerissen!" er stöhnte. „Oh, du Wildfang, du!"

„Komm und hol mir diese verdammten Fischbeine aus den Rippen", sagte sie.

Ich taumelte durch den Raum, öffnete die Badezimmertür und spähte hinein.

„Irgendwelche Anzeichen von unserem Freund Sherlock, dem Spionagehund?" fragte Mervyn.

„Ja", sagte ich. „Er ist völlig ohnmächtig in die Badewanne gefallen!"

XXIII

EIN FAUX PAS

Wenn wir mit dem Töten des Tages fertig sind, unsere blutigen Säbel abgezogen, unsere Pferde zum Trocknen aufgehängt haben und nach der Messe mit gelockerten Satteln und leuchtenden Pfeifen herumsitzen, ist es eine unserer Lieblingsbeschäftigungen, zu besprechen, was wir danach tun werden der Krieg.

William, unser Messepräsident und Transportoffizier, sagt ganz offen: „Nichts." Der dreijährige ununterbrochene Kampf, den Schlamassel an Whiskey und Limonade aufrechtzuerhalten und die Offiziersausrüstung auf 250 Pfund pro Offizier zu begrenzen, hat aus ihm, der einst so voller lustiger Witze und Rätsel war, einen alten Mann gemacht. In dem Moment, in dem Hindenburg den Schwamm wegwirft, geht William ins Chelsea Hospital, wo er den Herbst seiner Tage damit verbringt, das Garn aufzuwerfen und seine ehrenvollen Narben zu zeigen, die er sich in vielen blutigen Schlachten in den Maultierlinien zugezogen hat.

So viel zu William. Der Skipper, der so empfindlich auf das Klima reagiert wie eine Lilie im Treibhaus, plappert liebevoll, während er im Sommer Eis an die Eskimos verkauft und in den Wintermonaten in Timbuctoo geröstete Kastanien verkauft. MacTavish und das Baby schlagen vor, unter den wohlklingenden Handelsnamen Vavaseur und Montmorency Pfandleihhäuser unter ehemaligen Munitionsarbeitern zu eröffnen und so alte Meister, Flügel und Diamant-Diademe anzuhäufen, um sie in die Vereinigten Staaten zu exportieren. Für mich selbst habe ich einen anderen Plan.

Im Norden gibt es einen bestimmten historischen Wald, durch den Kugeln heulen, Granaten donnern und kein Vogel singt. Nach dem Krieg werde ich eine Firma gründen, das Holz kaufen und daraus einen Vergnügungsort für die Unterbringung von Touristen machen.

Der Eintritt beträgt zehn Franken, alles andere kostet extra.

Tee im Unterstand – zehn Franken. Fahrten durch Schützengräben, begleitet von geschulten Führern, die ausgewählte Passagen aus den Ergüssen unserer Sonderkorrespondenten vortragen – zehn Franken. Nachts große SOS-Rakete und sehr leichtes Display – zehn Franken. Für weitere zwanzig Franken darf der Tourist hingegen so viele Souvenirs in Form von Stacheldrahtrollen, Blindgängern und Blindklumpen ergattern, wie er mitnehmen kann. Auf diese Weise wird das Land von seiner explosiven

Materie befreit und ich werde meine letzten Jahre in Park Lane oder jedenfalls in Tooting verbringen können.

Unser Albert Edward hat in letzter Zeit keine Pläne für seine Zukunft gemacht, aber im Moment sieht es ganz danach aus, als würde er seine Zukunft im Gefängnis verbringen. Es geschah folgendermaßen. Er war oben und hat O. Pipping gemacht. Während er dort war, freundete er sich mit einer Batterie an und überredete die armen Narren, unter seiner Anleitung ein bisschen zu schießen. Er sagt, es macht großen Spaß, oben im O. Pip zu sitzen, eine Pfeife zwischen den Zähnen, ein Teleskop vor dem blinden Auge, und alle Teile der Landschaft auszublenden, die einem nicht gefallen.

"Der Baum bei A 29.b.5.8 gefällt mir nicht", sagen Sie ins Telefon. "Er ist insgesamt zu krumm (oder zu gerade). Kopf ab!" und, schwupps! Das störende Kraut ist weg. Oder: "Der Hügel bei C 39.d.7.4" ist völlig absurd; er ist lächerlich schief. Ich denke, wir werden dort stattdessen ein Tal haben." Und siehe da! Die absurde Auswüchsigkeit verschwindet in einer Rauchwolke nach Westen.

Unser Albert Edward verbrachte eine sehr unterhaltsame Woche damit, die Geographie Europas nach seinem Geschmack zu verändern. Dann machte er eines Morgens einen unbedeutenden Fehler von etwa dreißig Grad und einigen tausend Metern und entfernte das falsche Dorf.

"Ein Dorf sieht dem anderen sehr ähnlich, und was bedeuten schon ein paar tausend Meter hierhin oder dorthin in einem Krieg von weltweitem Ausmaß? Meine Herren, wir sollten nicht trivial sein", sagte unser Albert Edward zu den rotbehüteten Leuten, die weinend zu seinem O. Pip kamen. Trotzdem kam es zu einigen Unannehmlichkeiten, und unser Albert Edward kam nach Hause, um im Schoß seiner Familie Zuflucht zu suchen.

Die Unannehmlichkeiten nahmen zu, denn vierundzwanzig Stunden später kam ein Zettel für unseren Albert Edward, in dem stand, wenn er nichts Besseres zu tun hätte, würde er am Mittag des Tages vorbeikommen und mit dem General Geschichten austauschen? Unser Albert Edward machte sein Testament, zog seine Paradestiefel an, trank eine halbe Flasche Brandy pur, gab uns zum Abschied einen Kuss und ritt seinem Verderben entgegen. Als er die Grenzen des Lagers passierte, entkorkte sich The O'Murphy aus einem Abfluss, und als er seinen Saufkumpanen zu Pferd davonreiten sah, gab er das Rattenreiten auf und trabte hinter ihm her.

Ein oder zwei Worte zur Erklärung von The O'Murphy. Vor zwei Jahren lagerten wir an einem Ende einer bestimmten feuchten, dunklen Schlucht im Norden. Dorthin kam eine Gruppe großer Marinesoldaten und ein kleiner Irish Terrier, die ein langes Marinegeschütz mitbrachten, das sie mit einer Tarnung aus Sackleinen und Asche bedeckten und in regelmäßigen

Abständen abfeuerten. Immer wenn die Langwaffe abfeuern wollte, wurde der kleine Hund verrückt und hüpfte in ekstatischer Erwartung wie ein Gummiball hinter der Schießbahn umher. Als die große Kanone donnerte, schrie er vor Freude und schoss die Schlucht hinauf auf der Suche nach dem Kaninchen. Die Jagd des armen kleinen Hundes in der Schlucht auf und ab nach dem Kaninchen, das es nie gegeben hatte, war einer der erbärmlichsten Anblicke, die ich je gesehen habe. Dass so viele große Männer mit einer so riesigen Waffe den Hasen jedes Mal verfehlten, erfüllte ihn nach und nach mit Abscheu und Verzweiflung.

Als ich meinen Bräutigam eines Abends traf, sprach ich mit ihm über die Sache und erwähnte beiläufig, dass ein kleiner Landsmann in unserer Nähe sei, dem das Herz breche, weil es nie ein Kaninchen gebe. Ich erklärte meinem Bräutigam deutlich, dass ich nichts vorschlug und keine Andeutungen machte, aber ich fand es schade, dass ein solcher Sportsmann seine Talente mit diesen Seesoldaten vergeudete, wenn es Truppen wie die unsere gab, die einem der Richtigen alle möglichen Möglichkeiten boten. Ich wiederholte erneut, dass ich keine Vorschläge machte und ging zu einem anderen Thema über.

Stellen Sie sich mein Erstaunen vor, als ich am nächsten Tag bei unserem üblichen zweiwöchentlichen Treck den kleinen Terrier entdeckte, der mit einem Stück Bindedraht an unserem Protzen festgebunden war. Er genoss die Reise offensichtlich und misshandelte die Protzen, als ob er sie schon sein ganzes Leben lang gekannt hätte. Da er darauf bestanden hatte, mit uns zu kommen, gab es nichts weiter zu sagen, also tauften wir ihn „The O'Murphy", schlossen ihn für Verpflegung und Disziplin an die Kraft an, und seit zwei Jahren teilt er unsere Freuden und Sorgen, unsere Unterkünfte und unser Rinderfleisch, kreuz und quer durch das Land von Somewheres.

Aber mit unserem Albert Edward freundete er sich besonders gut an. Sie hatten die gleiche Abneigung gegen Katzen und den gleichen Geschmack an Keksen. Als also Albert Edward mit hängenden Ohren und eingezogenem Schwanz (sozusagen) *auf dem Weg* zu den Trümmern vorbeiritt, erkannte der O'Murphy deutlich, dass jetzt die Zeit gekommen war, seine Freundschaft zu beweisen, und trottete hinterher. Bei der Ankunft im Hauptquartier schüttelten die Kameraden die Pfoten und leckten sich gegenseitig zum Abschied. Dann stolperte Albert Edward hinein, und der O'Murphy blieb draußen herum, um die mit Messinghalsbändern versehenen Stabshunde zu verspeisen und darauf zu warten, die Überreste des Körpers seines Kumpels einzusammeln, nachdem der General damit fertig war. Sein Interview mit dem General schildert unser Albert Edward lieber nicht; es sei zu schmerzhaft, zu demütigend gewesen, sagt er. Dass ein Mann von der hohen Stellung des Generals, seinem fortgeschrittenen Alter und seinem ehrwürdigen Aussehen seine Selbstbeherrschung so sehr verlieren konnte, war für Albert Edward eine schreckliche Offenbarung. „Lasst uns einen Schleier über diese Episode ziehen", sagte er.

Was später geschah, wollte er uns jedoch erzählen. Als dem General alle Blutgefäße geplatzt waren und Albert Edward sich selbst gratulierte, dass das Schlimmste überstanden war, schnappte sich der alte Mann plötzlich ein Handbuch des Militärrechts von seinem Schreibtisch, schleuderte es in eine Ecke und tauchte unter einen Tisch, von wo aus schlurfende Geräusche, Grunzlaute und Quietschgeräusche zu hören waren. „Sehen Sie das?", ertönte die Stimme des Generals unter dem Tisch. „Was für eine verdammte Unverschämtheit! – haben Sie das gesehen?"

Albert Edward machte verneinende Geräusche. „Eine Ratte, meine Güte!", dröhnte der ehrwürdige Krieger, „groß wie ein Kalb, kam aus seinem Loch und starrte mich an. Verdammt sei seine Unverschämtheit! Ich habe ihm mit dem Handbuch den Rückzug abgeschnitten und jetzt ist er irgendwo hier. Gehst du zu ihm in die Flanke, ja?"

Als Albert Edward sich zu einer Seite begab, waren Geräusche einer weiteren heftigen Rangelei unter dem Tisch zu hören, gefolgt von einem freudigen Jubelschrei des Generals, der zerzaust, aber triumphierend wieder hervortrat.

„Hab den Papierkorb umgekippt, und zwar auf ihn", keuchte er und wischte sich mit einem Taschentuch den Staub von den Knien. „Und jetzt, mein Junge, was jetzt, hm?"

„Hol einen Hund, Sir", antwortete Albert Edward, der an seinen Freund The O'Murphy dachte. Der General spottete: „Zum Teufel mit dem Hund! Was ist mit der altmodischen Katze los? Ich habe eine einfache getigerte Katze dabei, die Standardwerke über das Rattenfangen geschrieben hat." Er erhob seine Stimme und brüllte seinem Ordonnanzoffizier zu, er solle ihm einen Pussums bringen. „Ich habe die alte getigerte Katze schon seit Jahren, mein Junge", fuhr er fort; „ich habe sie von zu Hause mitgebracht – trage sie überall mit mir herum und ich habe keine Probleme mit Ratten. Ordonnanzoffizier!"

„Die Kerle kommen hier raus mit Bernhardinerhunden, Schrotflinten, Gift, Bärenfallen und Fischernetzen und können wegen der Ratten kein Auge zutun, während eine gewöhnliche Katze wie mein alter Pussums – Oh, wo ist dieser verdammte Kerl?"

Er schritt zur Tür, riss sie auf und ließ keinen Pfleger, sondern The O'Murphy ein, der ihm freundlich zunickte und mit wedelndem Schwanz und Liebesglanz in den Augen durch das Zimmer trabte und sein Opfer, eine große, tote getigerte Katze, vor Albert Edwards Füßen ablegte.

Albert Edward kann sich an nichts mehr erinnern. Er war ohnmächtig geworden.

XXIV.

MEIN REPOS

Albert Edward und ich sind gerade auf Abordnung. Ich kann nicht sagen, welchen Auftrag wir haben, denn Hindenburg hört zu. Er beobachtet jede Bewegung von Albert Edward und mir und verteilt seine Kräfte entsprechend. Ab und zu kommt er uns zuvor, ab und zu nicht. Bei ersteren Gelegenheiten ruft er Ludendorff an, und sie machen eine Nacht daraus mit Bier und Gesang; bei letzteren läutet er heftig die Glocke für den alten deutschen Gott.

Der Ort, an dem Albert Edward und ich uns gerade aufhalten, ist sehr interessant. Überall um uns herum geschieht etwas. Im Hintergarten ist ein harmloser Ballon mit einer Schnur befestigt, an beiden Seiten stehen Munitionskolonnen und davor hat ein Infanteriebataillon sein Lager aufgeschlagen. Flugzeuge schwirren in Scharen über uns hinweg und an der Tür vorbei fährt regelmäßig ein Panzerwagen. So oder so wimmelt es an unserem jetzigen Standort vor Leben. Albert Edward sagt, er erinnere ihn an London. Um die Ähnlichkeit noch zu verstärken, werden wir jede Nacht bombardiert.

Unmittelbar nach Mess ist der Gesang des Bombenvogels zu hören. Die Scheinwerfer stechen und zucken über den Himmel wie Blechschwerter in einem Bühnenduell; Kurz darauf heben sie den Bombenvogel auf – eine glitzernde Lamettaflocke – und der Lärm beginnt. Archibalds knallen, Maschinengewehre knattern, Gewehre knallen, und hier und da zerstört ein optimistischer Sportler die Milchstraße mit einem Revolver. Da das Schwerkraftgesetz von Sir I. Newton immer noch gilt und alles, was nach oben geht, auch wieder nach unten kommen muss, ist es ratsam, bei Spaziergängen im Ausland einen Sonnenschirm zu tragen.

Angesichts des starken Bleisturzes entschieden sich Albert Edward und ich für einen Unterstand. Wir gruben sechs Zoll tief und stießen in Massenformation auf Wasser. Ich steckte einen Finger ins Wasser und leckte ihn ab. „Schmeckt seltsam", sagte ich, „brackig oder salzig oder so."

"Wir haben den blühenden Atlantik entkorkt, das ist es", sagte Albert Edward. "Verkorken Sie ihn schnell wieder, sonst taucht er auf und überschwemmt uns." Nachdem wir das erledigt hatten, sahen wir uns nach etwas um, in das wir hineingraben konnten. Das einzige, was wir finden konnten, war ein Maulwurfshügel, also gruben wir uns hinein. Wir wohnen jetzt darin, Albert Edward, Maurice und ich. Wir haben es " *Mon Repos* " genannt und ein Schild aufgehängt, das besagt, dass wir drinnen sind, sonst würden Besucher darüber laufen und uns verpassen.

Der größte Nachteil von „ *Mon Repos* " ist Maurice. Maurice ist der Eigentümer von vornherein, von Natur aus ein Maulwurf. Unsere Ankunft hat ihn mehr oder weniger in die Hinterhöfe seines Hauses getrieben, und er ist dabei äußerst unangenehm. Tagsüber sitzt er im Keller und schmollt, nachts kommt er heraus, um zwischen unseren Stiefeln herumzuwühlen, stolpert über Dinge und hält uns wach. Wenn wir „Buuh! Schuh!" oder irgendein böses Wort zu ihm sagen, rennt er die Hintertreppe zum Dachboden hinauf und tritt uns die ganze Nacht lang alle drei Minuten Erde ins Gesicht.

Albert Edward sagt, er ärgere sich über die Miete, aber ich halte das für absurd. Maurice ist sich vollkommen darüber im Klaren, dass Krieg herrscht, und von Soldaten, die seinen Maulwurfshügel mit ihrem Leben verteidigen, Miete zu verlangen, ist das lächerlichste Unterfangen, das ich je gehört habe. Wie ich bereits sagte, ist die Situation äußerst unangenehm, aber ich sehe nicht, was wir dagegen tun können, denn Maurice auszugraben bedeutet, „ *Mon Repos* " auszugraben, und das hat keinen Sinn. Albert Edward hatte die Theorie, dass der Maulwurf ein fleischfressendes Tier sei, also schmierte er einen Wurm mit Karbol-Zahnpasta ein und ließ ihn herumliegen. Es lag tagelang herum. Albert gibt nun zu, dass seine Theorie falsch war; der Maulwurf sei Vegetarier, sagt er; er verwechselte es mit Forelle. Er ist gerade damit beschäftigt, für Maurice eine explosive Kartoffel nach dem Vorbild einer Perkussionsgranate zu erfinden, aber in der Zwischenzeit hat dieser Herr die Situation vollständig im Griff.

Der Ballon, der in unserem Garten hängt, ist sehr zahm. Jeden Morgen führen ihn seine Wärter an Schnüren aus seinem Versteck, binden ihn an eine längere Schnur und lassen ihn los. Den ganzen Tag bleibt er in der Luft, zieht sanft an seiner Leine und behält den Krieg im Auge. Abends erscheinen die Wärter wieder, holen ihn herunter und führen ihn für die Nacht nach Hause. Er erinnert mich in jeder Hinsicht an einen riesigen, gelehrigen Elefanten, der von der kleinen Familie des Mahouts herumkommandiert wird. Ich habe jedes Mal das Gefühl, dem sanften Geschöpf ein Brötchen geben zu müssen.

Hin und wieder kommen die als Wolken verkleideten Boche-Vögel vorbei und spucken glühende Leuchtspurgeschosse darauf, und dann springen die Beobachter heraus. Einer von ihnen ist letzte Woche in meine Pferdelinien „herausgesprungen". Das heißt, sein Fallschirm verfing sich in einem Baum und er hing schwingend wie ein riesiges Pendel über den Rücken meiner Pferde, bis wir ihn herunterhoben. Er kam nach „ *Mon Repos* ", um sich Baumstücke herauspflücken zu lassen. Dies sei der sechste Sprung über Bord gewesen, den er innerhalb von zehn Tagen gemacht habe, erzählte er uns.

Manchmal stürzte er sich in die peinlichsten Situationen. Einmal fiel er sauber durch ein Biwakdach in ein heißes Bad, in dem sich ein Oberstleutnant befand, der ihn mit einem Schwamm schlug und Seife nach ihm warf. Bei einem anderen kam er aus heiterem Himmel mitten in eine Arbeitskompanie chinesischer Kulis herabgeflattert, die sofort auf ihr Gesicht fielen, ihn wie ein himmlisches Wesen verehrten und später alle seine Knöpfe als heilige Reliquien abschnitten. Ein bewegtes Leben.

XXV

„FLIEG, SANFTE TAUBE"

Vor kurzem wurden wir für eine Arbeit an den Säcken abgekanzelt. Die Mitarbeiter schickten uns ein paar Tauben mit ihren Grüßen und drückten die Hoffnung aus, dass wir ihnen von Zeit zu Zeit ein paar Zeilen schreiben und sie wissen lassen, wie und wo die Schlacht tobt. (Die Mitarbeiter leben in ständiger Angst, dass der Krieg ihnen eines Tages völlig entgleitet und ein widerspenstiger Zug sich ohne ihr Wissen den Weg nach Unter den Linden freibombt.)

Am nächsten Morgen zogen wir uns ordnungsgemäß zurück und fanden uns im Laufe der Zeit tief in Bocheland wieder, wo wir eine lückenhafte Linie von Außenposten hielten und darauf warteten, dass die Hunnen sich sportlich benahmen und konterten. Es verging noch mehr Zeit, und da die Hunnen keine Anzeichen zeigten, dass sie sich in Bewegung setzen würden, begannen wir, uns umzuschauen und Bilanz zu ziehen.

Ich persönlich hatte das Gefühl, dass eine ordentliche Mahlzeit etwas dazu beitragen könnte, das Gefühl der Leere zu lindern, das mich unter der Gürtellinie quälte. Als ich in meinem Brotbeutel kramte, kam der Taubenträger auf mich zu und fragte nach dem Regelbuch.

Für den Uneingeweihten habe ich keinen Zweifel daran, dass Taubenfliegen das einfachste Spiel der Welt ist. Nehmen Sie einfach eine Postkarte, markieren Sie die Stelle, an der Sie sich befinden, mit einem Kreuz, fügen Sie ein paar Worte hinzu, z. B. „Ich hoffe, dass Sie das im Rosa findet, da es mich derzeit verlässt – ich glaube nicht", und fügen Sie ein Sagen Sie es im Schnabel des treuen Vogels: „Zuhause, John", und in wenigen Minuten klappert es in den Briefkasten des Generals. Dies ist keineswegs der Fall. Tauben sind die kleinsten Rinder. Wenn Sie sie nicht einfach so behandeln, werden sie entweder das Spiel auf der Stelle aufgeben oder Ihre Notiz an Hindenburg weitergeben. Um dies zu vermeiden, wird den Taubenträgern ein Regelbuch mit Anweisungen darüber ausgehändigt, wann und wie die Tiere gefüttert, getränkt, trainiert usw. werden sollen.

Bei dieser Gelegenheit kramte ich in meinen Taschen nach dem Buch mit den Regeln und fand es leer. „Was ist überhaupt mit dem Vogel los?" Ich fragte.

„Sieht ein bisschen verrückt aus", sagte der Träger; „niedergeschlagen, wie man sagen könnte."

„Da Sie es die letzten vierundzwanzig Stunden verkehrt herum getragen haben, ist das kein Grund zur Verwunderung", sagte mein Truppenfeldwebel; „Das Blut ist ihm in die Höhe geschossen, das ist es."

„Drehen Sie es ein wenig in die andere Richtung und lassen Sie das Blut wieder zurücklaufen", schlug ich vor.

„Sport ist das, was es will", sagte mein Sergeant bestimmt.

„Dann üben Sie es auf jeden Fall aus", sagte ich.

Der Spediteur widersprach. „Sehr gut, Sir – aber wie, Sir?"

„Fragen Sie den Sergeant", sagte ich. „Sergeant, wie trainiert man eine Taube? Longieren Sie sie oder führen Sie mit ihr schwedische Affenbewegungen durch?"

Der Sergeant rieb sich die Stoppeln am Kinn.

„Ich kann mich nicht an die offizielle Methode erinnern, Sir. Man könnte es am Ende einer Schnur spazieren führen oder –"

„Diese offiziellen Tauben", warf ich ein, „müssen offiziell behandelt werden, sonst funktionieren sie nicht; ihr Mechanismus gerät durcheinander. Wir hatten eine Taube bei der zigsten Schlacht der Wischer und haben sie irgendwie verärgert. Jedenfalls, als wir ihr sagten, sie solle abhauen und Verstärkung holen, saß sie auf einem Baum, leckte ihren Flaum und sang, und wir mussten Schlamm nach ihr werfen, damit sie sich bewegte. Wohin sie dann ging, weiß nur der Himmel, denn sie wurde seitdem nie wieder gesehen. Ich werde das Richtige für diesen Vogel tun."

Ich schickte daraufhin einen Galopper zum nächsten Außenposten, der von Babe und Co. besetzt war, und fragte ihn nach dem offiziellen Rezept für die Bewegung von Tauben. Die Antwort lautete wie folgt:

„Fragen Sie Albert Edward. Ich weiß nur, dass man Vögel unterschiedlichen Geschlechts nicht zusammen freilassen darf, wenn sie stehen bleiben und flirten.

PS: Sie haben doch nicht etwa ein bisschen kaltes Zeug an sich, Chef, oder? Ich bin dabei."

Ich schickte den Galoppierer weiter zu Albert Edwards Posten.

„Lassen Sie nach Sonnenuntergang keine Vögel frei", lautete seine Antwort. „Sie haben Angst, im Dunkeln nach Hause zu gehen – das ist alles, woran ich mich erinnere. Fragen Sie den Kapitän."

PS: Du hast ein bisschen Rindfleisch übrig? Ich bin ganz schön eingeschläfert."

Ich seufzte und schickte meinen Boten zum Kapitän, um ihn nach der offiziellen Methode zum Ausüben von Tauben zu fragen. Eine halbe Stunde später erhielt ich seine Antwort:

„Weiß nicht. Versuch mal, sie zu essen. Das mache ich mit meinen."

Wenn wir schon beim Thema Brieftauben sind, möchte ich erwähnen, dass ich eines Winterabends zum Korpshauptquartier gerufen wurde. Ein Rotkäppchen sagte: „Wir werden im Morgengrauen unhöflich zu den Boche sein und möchten, dass Sie mit den Jungs rübergehen. Wenn Sie Ihr Ziel erreicht haben, lassen Sie uns einfach eine Taube fallen, um uns das mitzuteilen. Hier ist ein Zettel, bringen Sie ihn zum Taubenschlag und holen Sie sich ein gutes, frisches Geflügel. Gute Nacht und viel Glück."

Ich fand den Taubenzüchter in einem alten Londoner Omnibus, der als Taubenschlag diente, wo er einen kranken Vogel mit dem Löffel fütterte. Der züchter, ein mürrischer Lancaster, musterte meinen Jungen mit säuerlichem Blick, murrte dann, er wisse nicht, was die Armee zu dieser Stunde damit anfangen würde, Vögel aus dem Bett zu jagen, kletterte langsam eine Leiter hinauf, steckte seinen Kopf durch eine Klappe im Dach und widmete sich den Tauben.

„Das bist du, Flossie? Nein, du kannst nicht mit den fehlenden Schwanzfedern zur Katze des Generals gehen. Jellicoe – nein, das kannst du auch nicht, du hast einen harten Tag mit diesen Panzern hinter dir. Hässlicher Husten Das hast du, Gaby; ich gebe dir gleich einen Tropfen Fett, ich schätze, du hast schon wieder zu viel gefressen. Eustace, du bist dafür.

Er stieg rückwärts die Leiter hinunter, packte den unglücklichen Eustace, stopfte ihn in einen Korb und reichte ihn mir.

„Ich hoffe, das ist ein guter Vogel", sagte ich, „schnell und so?"

Der Züchter schnaubte: „Guter Vogel? Nichts kann ihn aufhalten, Sperrfeuer, Rauch, nichts. Er hat den VC unzählige Male verdient; er ist der beste Vogel in der Armee, und vergiss das nicht. Herr."

Ich versprach, es nicht zu tun, holte den Korb ein und floh.

Ich erreichte die Gegend der Frontlinie gegen 2 Uhr morgens. Es schneite heftig und die ganze Front war wie eine Hochzeitstorte mit Zucker bedeckt, jede Spur und jedes Wahrzeichen war ausgelöscht. Einige Stunden lang tastete ich mich auf der Suche nach dem Bataillonshauptquartier umher, stolperte über versteckten Draht, rodelte durch schneebedeckte Krater in eisige Granattrichter, der unnachahmliche Eustace an meiner Seite. Schließlich fiel ich kopfüber in einen Unterstand, in dem drei alte Krieger wohnten, die um eine Kohlenpfanne herumsaßen und Zigaretten rauchten. Sie waren Brigade-Scouts, sagten sie mir, und würden gleich herüberkommen. Sie waren auch barmherzige Samariter, einer von ihnen, Fred, bot mir seinen Platz am Feuer und eine Tasse heißen Kakao an, während seine Kollegen, die Herren Alf und Bert, sich um Eustace kümmerten, der alle Aufmerksamkeit brauchte, die er bekommen konnte. Ich bekam hier und da Gesprächsfetzen mit: „Sollen wir ein bisschen über der Kohlenpfanne auf ihn anstoßen, Alf?" „Ob ihn wohl ein Tropfen Rum aufmuntern würde?" „Steck es ihm ins Maul, wenn er gähnt, Bert."

Schließlich wurde Eustaces Kreislauf für wiederhergestellt erklärt und die drei machten sich daran, sich für den Krieg zu rüsten. Sie hüllten ihre Beine in Sandsäcke, wickelten sich endlose Schals um den Kopf und zogen zahllose seltsame Mäntel an, so dass sie am Ende eher wie Apfelfrauen als wie Pfadfinder aussahen.

Dann brachen wir in die Schlacht auf. Bert führte uns zum Sperrfeuer an, das in gelben Blitzen über den Boche-Linien kracht und donnert.

Plötzlich hörten wir vor uns ein gedämpftes Hagelgeräusch.

„Was ist los, Bert?", rief Alf.

„Sie haben aufgehört – haben ihr Ohr weggeschmissen", ertönte die Stimme.

Nach fünfzig Metern stießen wir auf Bert, der mit der Spitze seines Bajonetts in den Trümmern eines deutschen Postens herumstocherte.

„Also, die Schweine haben es geschafft?", sagte Fred. „Irgendwelche Souvenirs?"

„Nein!" sagte Bert und spuckte aus: „Kein Blinzeln am Sandwich."

„Ist das wirklich unser Ziel?" Ich fragte.

„Das ist es, Sir", antwortete Bert. „Setzen Sie sich am besten hin und schweigen Sie; der Rest der Jungs wird im Handumdrehen da sein, und sie würden ihre eigenen Großmütter bombardieren, wenn sie aufgeregt sind."

Ich legte meine Hand in den Korb und zog Eustace hinaus. Er sah nicht zur VC-Form auf. Dennoch hatte ich den ausdrücklichen Befehl, ihn freizulassen, sobald unser Ziel erreicht war, und Gehorsam ist für mich eine Selbstverständlichkeit.

Ich befestigte meine Nachricht an seinem Bein, wünschte ihm Glück und warf ihn hoch in die Luft. Ein Schneewirbel verbarg ihn vor den Augen.

Als ich zurückkam, habe ich nicht im Hauptquartier angerufen. Ich ging direkt nach Hause ins Bett und blieb dort. Da sie nicht nach mir schickten und ich nichts mehr davon hörte, vermutete ich, dass der unfehlbare Eustace zu seinem Bus zurückgekehrt war und alles in Ordnung war. Trotzdem hatte ich ein gewisses ungutes Gefühl bei ihm. Zehn Tage lang hörte ich nichts mehr davon, und dann traf ich eines Nachmittags beim Spazierengehen auf den Taubenzüchter. Es gab keine Möglichkeit, dem Mann auszuweichen; Die Gasse war nur 1,20 m breit und von 2,70 m hohen Wänden mit Glas oben begrenzt. Also blieb ich ihm gegenüber stehen, lächelte mein allerliebstes und fragte nach Eustace. „Ich bin so froh, dass er gut nach Hause gekommen ist", sagte ich; „Ein toller Vogel."

Der Liebhaber starrte mich böse an, seine sauren Augen funkelten, seine Fäuste öffneten und schlossen sich. Ich hatte das Gefühl, dass nur erbitterte Disziplin zwischen ihnen und meiner Kehle stand.

„Ja, Sir", sagte er mit Schwierigkeiten, „er ist ein großartiger Vogel, aber nicht der Vogel, der er war. Er ist gestern ganz gut nach Hause gekommen, aber seine Beine waren sehr steif, weil er jeden Schritt gelaufen ist."

XXVI

Hin und zurück

Mein Batman ist ein Mann mit einer Beschwerde. Er hockt den ganzen Tag vor meinem Zelt, poliert meine Knöpfe und flucht und seufzt, seufzt und flucht. Um es mit den Worten meines Bräutigams und Landsmanns zu sagen: „So wie er ist, der arme Kerl, würde man meinen, dass es einen schwarzen Hund im Herzen seiner Hütte gibt."

Ich erfahre, dass er verkündet hat, dass er „blinzelnd darauf warten wird", wenn er einen Knirps kommen sieht, dass er seinem Busenfreund ein blaues Auge geschenkt hat und Bier ablehnt. Das alles klingt nach Liebe, ist es aber nicht. So ist es.

Letzte Woche wurden ihm nach neunzehn Monaten unentdecktem Fehlverhalten auf dem Zeltplatz zehn Tage Urlaub gewährt. Er ging strahlend wie ein Maimorgen, gepflegt und glitzernd von den Sporen bis zum Mützenabzeichen.

Innerhalb von drei Tagen war er wieder zurück.

Seiner Version der Angelegenheit zufolge erreichte er die Küste in gutem Zustand und wurde von einigen Damen in einer Kantine mit einer herzhaften Mahlzeit versorgt, verlor diese jedoch mitten im Ärmelkanal. Aufgrund von Minen, Luftangriffen und anderen Dingen hatten sowohl das Boot als auch der Zug skandalöse Verspätung, aber am Ende kam er um 6 Uhr morgens immer noch in gutem Zustand in Victoria an. Vor dem Bahnhof warteten mehrere Zivilisten auf Soldatenangehörige. Einer von ihnen, ein kleiner, sandfarbener Mann mit schwarzer Melone und Krawatte, sehr respektabel (der mit dem Einzelhandelsgeschäft zu tun hat, sagt mein Bursche), sprach ihn an und fragte, ob man etwas von seinem Bruder Charlie gesehen habe, einem Territorialbombardier, der das tun sollte Ich würde mit diesem Zug kommen, war aber nicht zustande gekommen.

Mein Bursche konnte keine Auskunft geben und sie begannen zu diskutieren, was mit Charlie passiert sein könnte: ob er den Zug verpasst oder vom Schiff gefallen sein könnte. Mein Bursche bevorzugte die letztere Theorie, er habe selbst das Gefühl gehabt, dass es ihm so ginge, sagte er. Eins führte zum anderen und schließlich sagte der Sandmann:

„Na, was ist damit?", fragte er, wobei er vielsagend den Ellbogen hob und zwinkerte.

Mein Bursche sagte, es würde ihm nichts ausmachen, wenn er das täte, und so gingen sie zu einem kleinen Lokal in der Nähe, das der Sandy Man kannte, und tranken ein oder zwei Gläser. Dabei benahm sich der Sandy Man wie ein perfekter Gentleman und stand Drink für Drink, Zigarre für Zigarre da.

Gegen 7 Uhr morgens oder so entschuldigte sich der Sandmann unter dem Vorwand, geschäftlich unterwegs zu sein (was, wie er erklärte, aufgrund des widrigen Wetters sehr gesund sei) und machte sich auf den Weg, während mein Bursche nach Victoria zurückkehrte, um seinen Rucksack zu holen.

Zu diesem Zeitpunkt war sein Befehl nicht mehr so gut wie zuvor, was seiner Meinung nach (a) an der Aufregung lag, wieder zu Hause zu sein, alle Zivilisten Englisch sprechen zu hören und so viele intakte Häuser auf einmal zu sehen; (b) an seinem angeschlagenen Magen. Was auch immer es war, er navigierte mit Schwierigkeiten zum Bahnhof und „wurde ganz schwindlig", lehnte sich auf einer Bank am Bahnsteig zurück und schloss die Augen.

Als er sie wieder öffnete, sah er, wie die weißen Klippen von Albion rasch hinter der Heckreling eines Kavalleristen verschwanden. Er schloss erneut die Augen und sagte sich, dass er träumte, aber nicht lange – er konnte zwar seinen Verstand täuschen, aber nicht seinen Magen.

Bald bemerkte er, dass er sich mitten im Ärmelkanal auf dem Rückweg nach Frankreich befand. Er setzte sich an Deck auf und rief, jemand solle das Schiff anhalten.

„Er ist zu sich gekommen, Bill", sagte eine vertraute Stimme an seiner Seite, und als er sich umdrehte, erblickte er die fröhlichen Gesichter von Frederick Wilkes und William Buck, zwei treuen Gefolgsleuten „von uns", die aus dem Urlaub zurückkehrten.

Mein Batman fragte Frederick Wilkes, was er sich dabei gedacht hatte.

„Das hat dich vor sechs Monaten Knast bewahrt, weil du zu lange im Gefängnis warst, alter Schatz!", antwortete Frederick fröhlich. „Bill und ich haben dich am Bahnhof gefunden, blind für die Welt, also haben wir dich in den Zug geladen und mitgenommen. Wir haben es auch ganz gut hingekriegt, dich an den Rotkappen vorbeizubekommen, während du wie ein Verrückter herumschlurfst."

„Kling! Ich bin zu lange mit meinem Blatt geblieben!", schrie mein Bursche. „Verdammt! Ich habe kein Blatt – ich bin gerade erst gelandet!"

„Wieder ein Leckerbissen, Bill", sagte Frederick und Bill nickte. „Natürlich hattest du dein Blatt, und wie du aussiehst, auch ein wunderbar gutes Blatt – du bist von Anfang bis Ende blind für die Welt und kannst die Dunkelheit nicht vom Tageslicht unterscheiden."

„Ich werde dem ersten RTO, den ich sehe, alles darüber erzählen, wenn ich lande – ihr verlorenen Entführer!" schäumte mein Batman.

„Ho nein, das wirst du nicht!" sagte Frederick selbstgefällig. „Wir werden dich doch nicht in deinem benommenen Zustand herumlaufen lassen und das Regiment in Schande bringen – oder, Bill?"

„Nicht wahrscheinlich", antwortete William Buck. „Wir nehmen dich wohlbehalten mit zurück, wenn wir dir dafür das Genick brechen müssen, und vergiss das nicht, alter Mann!"

Ich halte es für äußerst unwahrscheinlich, dass mein Batman es jemals tun wird.

XXVII

HEISSE LUFT

Die Szene zeigt ein Basislager hinter der Westfront. Im Hintergrund ist eine Kiesgrube zu sehen, deren Rand von Kiefern gesäumt ist. Auf der rechten Seite steht eine schwarze Hütte; an einer Wand lehnen mehrere gusseiserne Zylinder, an einer anderen mehrere Tragen; dahinter spielt eine Gruppe von RAMC-Sanitätern aus Profitgier und Vergnügen Münzwurf. Auf der linken Seite ist ein Friedhof.

Auf dem Rasen in der Mitte der Bühne stehen etwa zweihundert Mitglieder der bekannten britischen Familie Atkins. Da es hier lediglich um Leben und Tod geht, vertreiben sich die Leute in den hinteren Reihen die Zeit mit dem Spiel „Krone und Anker". Ihre weniger glücklichen Kameraden in den vorderen Reihen „machen ein bisschen Schlaf" – mit anderen Worten, sie schlafen aufrecht sitzend, einer gegen den anderen gelehnt.

Vor ihnen steht ein als Leutnant verkleideter Bachelor of Science. Anhand des grün-schwarzen Messingbesatzes um seinen Arm und der *Chlor-* und *Phosgen-Parfümmaske* , die ihn wie eine trübe Aureole umhüllt, könnte man vermuten, dass er mit dem Gasdienst in Verbindung steht. Und man hätte völlig recht; er ist.

* * * * * * *

Dozent: „Ähem! Passen Sie bitte auf mich auf; ich werde Ihnen ein kleines Gespräch über Gas halten. Wenn Sie an der Schlange stehen, muss Ihnen eines von zwei Dingen unweigerlich passieren: Entweder Sie werden vergast oder Sie werden nicht vergast." Wenn Sie nicht vergast sind, können Sie durch strikte Beachtung dieser Vorlesung so reden, als wären Sie vergast worden. Wenn Sie hingegen vergast sind, können Sie erkennen, welcher Sorte Sie erlegen sind, was am lehrreichsten ist.

„Es gibt mehr Arten von Gas als eine. Es gibt das Haus- oder Haushaltsgas, das im Handumdrehen gelegentliche Arbeiten im Haus erledigt und das hier draußen an Beobachtungsballons geleitet wird, um sie von der Erde abzuheben. Da wird gelacht." Gas, so genannt wegen des Spaßes, den der Zahnarzt an seinen Opfern macht, während sie unter seinem Einfluss stehen; und schließlich gibt es noch Hun Gas, das nicht so amüsant ist.

„Die Hunnen verwenden hauptsächlich drei Arten von Gasen. Die erste davon ist Chlor. Chlor riecht nach starkem Sanitärreiniger oder schwachem Kalkchlorid. Die zweite auf unserer Liste ist Senfgas, das so genannt wird, weil es nach Knoblauch riecht. Alles." Dass es nach Knoblauch riecht, ist jedoch kein Senfgas, wie eine bestimmte britische Division, die an der Seite einiger unserer tapferen Verbündeten im Süden in die Front ging, bedauerlicherweise feststellen musste, nachdem sie sechsunddreißig lange, lange Stunden in ihren Masken geschwitzt hatten.

„Das dritte und letzte ist Phosgen. Phosgen hat einen ganz eigenen grünlich-weißlich-gelblichen Geruch, der an verrottete Vegetation, schimmeliges Heu, alte Kleidung, nasse Häute, verbrannte Federn, warme Mäuse, Iltisse, tote Maultiere, gekochten Kohl, gedünstete Pflaumen, saure Trauben oder alles andere erinnert, was Sie nicht mögen.

„Da all diese Gase bei übermäßigem Konsum eine deprimierende Wirkung auf den Konsumenten haben, hat das Kriegsministerium ein wirksames Gegenmittel entwickelt, das wissenschaftliche Wunder unserer Zeit, den Freund und das *multum in parvo des Soldaten* – kurz gesagt, die Respirator-Box. Hier sehen Sie, dass ich eine Respirator-Box habe, wie sie an die Truppen ausgegeben wurde.

„Es gibt andere Arten mit Spitzenbesatz und saisonalen Mottos, die für den Gebrauch des Stabes in farbige Perlen eingearbeitet sind; aber sie betreffen uns nicht. Schauen wir uns nun die gewöhnliche Atemschutzbox an. Was entdecken wir? Eine ordentliche Segeltuchtasche, einen Rucksack." oder was nicht, das für die Aufbewahrung persönlicher Kleinigkeiten wie Seife, Messer und Gabeln, Socken, eiserne Verpflegung, Mundharmonikas, Feldmarschallstöcke usw. von unschätzbarem Wert ist. In der Tasche (was nicht). oder Rucksack) entdecken wir einen mit einer Motorbrille durchbohrten Gummischwammbeutel, eine Wäscheklammer, einen 30 cm langen Gartenschlauch, einen Beißring für Babys (die Kauer unter Ihnen werden feststellen, dass dies ein angenehmer Ersatz für Kaugummi ist), ein oder zwei Meter starke Schnur (Erste Hilfe bei der Zahnspange), eine Tube Anti-Dimmer (verwenden Sie es als Zahnpasta, Ihr Lächeln wird strahlender) und eine Karteikarte, auf der Sie Ihren Namen, Ihr Alter, Ihre Stimme usw. eintragen können Schläger; Ihre Golf-, Polo- und Ludo-Beschwerden bezüglich der Küche oder des Service und alle sonnigen Gefühle oder Epigramme, die Ihnen von Zeit zu Zeit in den Sinn kommen.

„Sollten Sie in der Schlange stehen und das Vorhandensein feindlicher Gase in großer Zahl feststellen, sollte Ihre erste Aktion darin bestehen, Ihre Atemschutzmaske aufzusetzen, und Ihre zweite Aktion darin bestehen, Alarm zu schlagen. Das Anlegen der Atemschutzmaske wird von den besten Leuten in fünf Schritten durchgeführt :—

„1. Nehmen Sie die Zigarette, den Kaugummi oder die falschen Zähne aus dem Mund und legen Sie sie hinter das Ohr (oder die Ohren).

„2. Reißen Sie den Schwammbeutel aus dem Rucksack (Was-nicht-oder-Schulranzen) und klatschen Sie ihn kühn ins Gesicht, wie Sie es mit einem Senfpflaster tun würden.

"3. Befestigen Sie es mit der Wäscheklammer an Ihrer Nase.

"4. Arbeiten Sie die Gummibänder gut in das hintere Haar ein.

„5. Schlucken Sie den Beißring herunter und machen Sie mit tiefen Atemübungen weiter, wie sie von Schweden, Seelöwen und dergleichen gemacht werden.

„Sobald das Beatmungsgerät in Position ist, übermitteln Sie die gute Nachricht an Ihre Kameraden, indem Sie *Fortissimo* auf einem der zahlreichen Alarmgeräte ausführen, mit denen jede schöne Frontlinie großzügig ausgestattet ist. Aber bitte denken Sie daran, dass Gaswarngeräte nur für Gas gedacht sind, und lassen Sie Ihre nicht zu." Natürlicher Überschwang oder die Liebe zur Musik reißen Sie mit, da sie leicht einen falschen Eindruck erwecken können. Sehen Sie sich den Fall einiger unserer übermütigen Kolonialherren an, die ein nationales Fest (die Eröffnung der Whippet-Rennsaison in New South) feiern Wales) mit einem vollen Orchester aus Klaxon- und Strombos-Hörnern, Rasseln, Gongs, Patronenhülsen, Blechbüchsen, Sackbutten, Psalterien und anderen Musikinstrumenten schickte jede lebende Seele in einem ganzen Armeegebiet in ihre Geruchshüte 48 Stunden lang ohne Essen, Trinken oder Hilfe von Geistlichen bleiben.

„Nachdem ich Ihnen ausführlich erklärt habe, wie Sie Ihre Atemschutzmasken richtig anlegen, werde ich Ihnen nun sagen, wie Sie sich selbst befreien können. Sie müssen zunächst darauf achten, dass sich kein Gas mehr in der Nähe befindet. Tests werden normalerweise (1) mit einem Weißen durchgeführt Maus, (2) mit einem Kanarienvogel.

„Wenn die weiße Maus grün wird, ist Gas vorhanden; wenn nicht, dann nicht. Wenn der Kanarienvogel mit dem Schwanz wedelt und „Mensch! Ist das nicht großartig in Dixie!" pfeift? Alles ist gut, aber wenn es „Das Ende eines perfekten Tages" pfeift und sich heftig häutet, seien Sie vorsichtig, seien Sie vorsichtig! Wenn Sie durch die Nachlässigkeit der Quartiermeisterabteilung weder mit Mäusen noch mit Kanarienvögeln ausgestattet wurden, fangen Sie nicht selbst an, nach Benzin zu schnüffeln. Aber denken Sie daran, dass Ihr Leben für Ihren König und Ihr Land wertvoll ist, und schicken Sie nach einem Offizier, der als Erster Gas schnuppert. Er hat nicht viele Privilegien, aber dies ist eines davon und wird sehr sorgfältig gehütet Wenn ein Beamter Sie dabei erwischt, wie Sie in der Nachbarschaft das ganze Benzin ausspucken, wird er zu Recht verärgert und verärgert sein.

"Nachdem wir Ihnen nun die ganze Theorie der Gasschutzmaßnahmen erklärt haben, wollen wir uns nun ein wenig der Praxis widmen. Wenn ich das Wort 'Gas!' rufe, werden meine Assistenten ein paar Rauchbomben unter Ihnen verteilen, und jeder Mann wird in fünf Bewegungen seinen Atemschutz anlegen und sich auf den Weg zur Gaskammer machen, sie durch die Südtür betreten und durch die Nordtür verlassen. Ist das ganz klar? Dann machen Sie sich bereit. Gas!"

* * * * * * *

Vier oder fünf Unteroffizierausbilder tauchen plötzlich aus der Kiesgrube auf und bombardieren die Anwesenden mit zischenden Rauchgranaten. Die vorderen Reihen wachen auf, springen erschrocken auf und rennen in gestrecktem Galopp davon, um sich in Sicherheit zu bringen. Dabei ziehen sie der Leichtigkeit halber ihre Atemschutzmasken aus. Die hinteren Reihen, die wider Willen etwas von der Vorlesung gehört haben, verkriechen sich mühsam in ihren Masken. Manche tragen sie als Mütze, manche als Ohrenschützer, manche als Brustschutz.

Der Rauch rollt in dicken gelben Schwaden über sie hinweg.

Hier und da sind Schattengestalten zu sehen, die Kapuzen tragen wie spanische Inquisitoren, wie im Gebet zusammengekauert, miteinander kämpfend oder blind nach einem Ausweg suchend. Einer der Unglücklichen steckt mit dem Kopf in einem Kaninchenbau, mehrere stolpern über den Rand der Kiesgrube und werden nicht mehr gesehen.

Es ist ein Geräusch schmerzhafter Atemnot zu hören, wie es bei Grampus im tiefen Wasser oder bei Schweinen mit Asthma der Fall ist.

Die gestärkten Unteroffizier-Ausbilder drängen sich auf die hilflose Menge und treiben sie mit gedämpftem Geschrei und wildem Wedeln der Arme zur Südtür der Gaskammer, stoßen sie hinein und schießen auf die Riegel.

Die RAMC-Pflegekräfte sind damit beschäftigt, die Leichen aus dem Nordtor zu schleppen, sie auf Tragen zu laden und zum Friedhof zu traben, vor dessen Toren der Base Burial Officer steht und ihn strahlend willkommen heißt.

Der Dozent, der sieht, wie das Spiel im Gange ist, zündet sich eine Pfeife an und schlendert zum Tee nach Hause.

XXVIII

DER KONVERT

Ich fand Nr. 764, Trooper Hartley, WJ, in der Pferdereihe, wie er auf einem Heuballen saß und einen Brief las, der ihn irgendwie zu amüsieren schien. Als er mich sah, stand er auf, gab die Sporen und salutierte. Ich erwiderte den Gruß und forderte ihn gnädig auf, weiterzumachen. Wir, William und ich, gehen die Bewegungen von Offizier und Mann sehr genau durch. Früher, in anderen Ländern, waren unsere relativen Positionen einfacher.

Als die Zeremonien vorbei waren, setzte ich mich neben ihn auf den Heuballen, und wir wurden füreinander zu Bill und Jim.

„Ist Ihnen Gustav Müller früher schon mal begegnet?" Erkundigte sich William und warf eine Handvoll dunklen Magliesburg-Tabak in seinen Maiskolbenverbrennungsofen. „Mafoota' nannten ihn die Nigger, ein bulliger Mann mit einem dezenten Teint."

„Ja", sagte ich, „er tauchte etwa 1913 in meinem Distrikt am Wallaby auf, mit nichts auf der Welt außer einem Topee, einem Armeemantel und einer Schachtel Salonmagie. Als Zauberer in Chalas Kraal eingesetzt." Es wurde verwendet, um meterlange Bänder aus den Mündern der Betroffenen und zusammenklappbare Blumentöpfe aus ihren Nasenlöchern zu ziehen – das Austreiben von Teufeln war, verstehen Sie, eine sehr bequeme Praxis, aber er begann, sich in der schwarzen Politik zu versuchen; hat ihn weitergebracht. Ein unterhaltsamer alter Schurke; ich weiß nicht, was aus ihm geworden ist.

William zwinkerte mir durch eine Wolke aus blauem Tabakrauch zu. „Das tue ich. Er ging nördlich der Seen auf die Jagd nach dem Ende eines Regenbogens, und ich folgte ihm. Sehen Sie, Gustavs Großtante Gretchen erschien ihm im Traum und erzählte ihm, dass es in einem bestimmten Flussbett tonnenweise Schwemmgold gäbe Es war einfach, es zu waschen, also haben wir es nicht gefunden; aber das ist weder hier noch da, und das war das erste Mal, dass Gustavs Großtante ihn im Stich ließ . Sie hatte ihm zu ihrer Zeit das direkte Trinkgeld für zwei Melbourne Cups und eine portugiesische Lotterie gegeben. Wie dem auch sei, da waren Gustav und ich am Ende von Nowhere, während die Jungs weinten sechs Monate Rückzahlung, und wir hätten kein Futter Heu für einen Albtraum zwischen uns kaufen können. Wir mussten einfach etwas tun, also –"

„Also ist es für Sie ganz natürlich geworden, Elfenbein zu wildern", sagte ich. „Ich kenne Sie. Fahren Sie fort."

William grinste. „Na ja, ein Mann muss leben, wissen Sie. Wie dem auch sei, wir stießen sofort auf eine Goldgrube an *M'jufu und häuften die langen weißen Nuggets auf eine* Weise an, die einen zu Poesie treiben würde. Ein Somali-Araber nahm uns das Zeug sofort ab und bezahlte uns mit Rindern mit einem Rabatt von fünfzig Prozent, was angemessen war, da er neunzig Prozent der Risiken trug. Alles lief wie ein schöner Traum. Die Elefanten waren so zahm, dass sie einem aus der Hand fraßen, und man konnte hinausspazieren und ein Dutzend dieser dummen Kerle vor dem Frühstück umwerfen, wenn einem danach war. Die Polizei hatte unsere Adresse noch nicht. Der einzige Konkurrent, der drohte, bekam Schrot in die Hose, was seine Meinung und seine Richtung sehr schnell änderte. Die Branche boomte und boomte.

„Noch ein Jahr', sage ich mir, ,und ich werde mich nach Hause zurückziehen und Rosen züchten, eine Ponyfalle fahren und Kirchenwächter sein.'

„Dann stürmt eines Tages der arabische Häuptling ins Lager, hockt vor unserem Zelt und fängt an zu jammern und seine Augen auf eine Weise zu pfeifen, als würde man glauben, er hätte eine Schale voll Kaktusfeigen gegessen.

„,Was beißt dich, Bluebell?' Ich fragte.

„ *Allah akbar* ! Gott ist gut, aber das Geschäft läuft schlecht', sagt er und erzählt eine traurige Geschichte darüber, wie die Askari-Kolonnen hin und her marschierten und ihre Nasen in Dinge steckten, die sie nicht wollten; englische Kanonenboote ritten auf jeder Welle und erschreckten die Küsten-Dhaus, und infolgedessen brannte der Handel nieder und ein armer Mann konnte sich seinen Lebensunterhalt nicht mehr verdienen. Kurz gesagt, der Elfenbeinschmuggel war während des Krieges eingestellt.

„,Was für ein Krieg, du Abschaum?', sagt Gustav und spitzt seine sommersprossigen Ohren. ,Wer führt Krieg?'

„,Die Engländer und Deutschen natürlich', sagt der Araber. ,Wusste der B'wana das nicht?'

„,Nein, das tut der B'wana nicht', sagte ich. ,Unsere private Marconi-Ausrüstung ist kaputt, weil die Affen auf den Drähten baumeln. Und jetzt trotte nach Hause, du barbarischer Affe, während mein Kollege und ich einen Strahl reinen Intellekts auf das Problem werfen. *Bassi* .'

„,Also entlässt er sie sofort und lässt sich in der Umgebung nicht mehr blicken.

„,Nun, Partner', sagte ich zu Gustav, ,das ist ein fairer Knock-out – was?'

„Aber Gustav", brummelte er etwas, das ich nicht verstehen konnte, und ging mit gesenktem Kopf, in Gedanken versunken, in den Busch.

„Er kam nicht zum Abendessen, also habe ich seinen Anteil verschlungen und bin schlafen gegangen.

„Bei Mondaufgang glaubte ich, einen Elefantenbullen zu hören, der trompetete, als sei er liebeskrank, aber das war nicht der Fall. Es war Gustav, der nach Hause kam und die *Wacht am Rhein sang* . Er steht gegenüber von meinem Bett.

„Oh, geben Sie auf und lassen Sie die armen Löwen und Leoparden ein wenig Schlaf bekommen“, sagte ich.

„Ich wurde in Shermany geboren“, sagt er.

„Lass dich davon nicht wach halten, alter Mann“, sage ich. „Was sagt der Prophet? „Wenn eine Katze auf einem Fischteller Junge bekommt, sind das nicht unbedingt Heringe.“‘“

„Ich bin ein Sherman“, sagt er.

„,Du bist schon so lange mit weißen Männern zusammen, dass niemand es merkt‘, sage ich. ,Vergiss es, und ich werde es dir nicht verraten. Du hast Shermany seit dreißig Jahren nicht mehr gesehen, und das würdest du auch tun „Ich weiß nicht, ob Sie über einen Vierkant stolpern sollten. Gehen Sie zu Bett, Mr. Caruso.“

„,Nun, ich werde jetzt ein sehr guter Sherman sein, um die verlorene Zeit aufzuholen‘, sagt er grimmig, ,und falls Sie irgendwelche Einwände haben, möchte ich Sie darauf hinweisen, dass Sie den doppelten Express haben in der Nähe Ihres Magens.'

„Er hat mich auf Kaution freigelassen. Argumente nützten bei diesem Fluch nichts. ,Ich bin ein Sherman‘ war alles, was er sagte; und am nächsten Tag fangen wir an, uns auf deutsches Territorium zu begeben, ich spaziere voran und rufe.“ Gustav, jeder Name außer seinem richtigen, und er marschierte hinter mir her und stieß mich mit der Donnerbüchse an. Ihm gefiel die Reise noch mehr als mir, er musste den ganzen Tag hinter mir treten, aus Angst, ich könnte ihm in den Busch ausweichen ; und er saß die ganze Nacht wach, aus Angst, die Jungs würden mich retten. Er bekam rote Augen wie ein Bär und seine Figur fiel in Eimern von ihm ab.

„Am Ende eines Monats überquerten wir die Grenze und machten uns auf die Spur der Deutschen – überall verbrannte Dörfer, überall herumliegende verstümmelte Körper von Frauen und Picaninnies, durch die Pfähle getrieben wurden, Waugh!

„,Sind Sie noch ein Sherman?‘, frage ich, aber Gustav sagt nichts; er ist trotzdem ein bisschen blass um die Kiemen geworden. Dann stolpern wir eines Morgens in eine ihrer Kolonnen, und das Spiel ist vorbei. Ich bekomme zur Begrüßung ein paar Hiebe mit einem *Kiboko* und werde vor den Kommandanten gezerrt, einen kleinen Burschen mit blondem Haar, einem handgeschnitzten Kinn und einer Brille. Er diagnostizierte meinen Zustand als ernst, verschrieb mir noch etwas *Kiboko* , und ich wurde in eine bewachte Grashütte gesteckt, bis die Totenfeierlichkeiten stattfinden würden.

„Die Offiziere nannten Gustav einen guten Sportler, gaben ihm eine 1,80 m lange Zigarre und führten ihn zum Abendessen aus. Mir fiel auf, dass er sich ein- oder zweimal nach mir umdrehte. Also setzte ich mich in die Hütte und dachte über den Sinn für Humor mancher Leute nach, während draußen ein großer Askari-Bock auf und ab lief und sich die sonnigen Stunden damit vertrieb, ein bisschen mit seinem Bajonett das Ausweiden zu üben.

„Ein paar Tage vergehen wie im Flug, während die Kolonne unterwegs ist und das gute Wort mit Feuer und Pfählen verbreitet. Dann, in der dritten Nacht, höre ich ein Handgemenge vor der Hütte, und der Askari schlägt einen Salto rückwärts durch die Graswand, als hätte es ein Erdbeben gegeben.“ Er versetzte ihm ein paar Tritte in die Brust und reckte sich, als wäre er müde.

„‚Whist! Bist du das, Bill?‘ kommt ein Flüstern durch das Loch.

„‚Was ist von mir übrig‘, sage ich. ‚Wer bist du?‘

„‚Ich – Gustav‘, sagt der Flüsterer.

„‚Was ist dieses Mal der Witz? Mich wieder gefangen zu nehmen?‘“ sagt ich.

„‚Nein, ich rette dich jetzt‘, sagt er.

„‚Was für ein Teufel du bist‘, sagte ich, und damit glitt ich durch das Loch hinaus und folgte ihm auf dem Bauch. Ein Wachposten gab am Rand des Buschwerks eine Schimpfkanonade von sich, aber Gustav erhob sich aus dem Gras, stieß ihn hinters Ohr und wir gingen weiter.

„‚Na, Sie sind ja ein wunderbarer Verwandlungskünstler. In einem Moment nehmen Sie einen Kerl gefangen und im nächsten retten Sie ihn‘, sage ich schließlich. ‚Was ist mit Ihnen los? Sind Sie denn kein Sherman mehr?‘

„‚Gustav stöhnt, als wäre ihm das Herz gebrochen. ‚Ich war dreißig Jahre lang weg. Ich wusste nicht, dass sie so sind; ich hatte es vergessen. Oh, mein Gott, was für ein Schwein!‘ Er spuckt wie ein Mann, der saures Bier getrunken hat, und wir rannten weiter.“

„Haben sie dich nicht verfolgt?“, fragte ich.

William nickte.

„Aber sie konnten zwei alte Buschböcke wie uns nicht fangen, und am nächsten Tag stießen wir auf eine britische Kolonne, die auf der Jagd nach ihnen war. Es war ein fröhliches Treffen. Gustav meldete sich sofort bei den Briten.“

William tippte mit der Hand auf den von der Reise verschmutzten Brief. „Das ist von ihm. Er ist verwundet unten in Nairobi. Er sagt, er sitzt aufrecht und nimmt Nahrung zu sich, und diese Großtante Gretchen ist ihm wieder erschienen und hat ihm im Khali Hari eine Diamantpfeife gezeigt, die ein wenig Hinsehen erfordert.“ in *Après la Guerre* — wenn es überhaupt *Après gibt*

.

XIX

EINE RUHEKUR

Vor nicht allzu langer Zeit erschien in Teil II der Befehle ein Hinweis darauf, dass unsere Armee in X ein Erholungsheim eingerichtet hatte, in das invalide Offiziere für eine Woche Erholung geschickt werden könnten.

Jetzt ist X ein sehr angenehmer Ort, bestehend aus einer Ansammlung von Puppenhaus-Chalets zwischen kühlen Pinienwäldern und dem Meer.

Die Châlets tragen die Bezeichnungen „Villa des Roses", „Les Hirondelles", „Sans Souci" usw. und sind in den Sommermonaten glücklicherer Jahre voller bequemer, bürgerlicher, barbeiniger Kinder und bretonischer Kindermädchen; aber in diesen ernsten Tagen kündigt eine Tafel über dem Tor der „Villa des Roses" an, dass der stellvertretende Landwirtschaftsdirektor dort über die Senf- und Kresse-Ernte meditiert, während „Les Hirondelles" bzw. „Sans Souci" Hafen sind der Base Press Censor (dessen Teerbesen über diesem absolut unbezahlbaren Artikel schwebte) und ein Zug der DLOLRRVR (Duchess of Loamshire's Own Ladies' Rabbit Rearing Volunteer Reserve).

X ist, wie ich bereits sagte, ein überaus angenehmer Ort. Morgens können Sie sich aus dem Fenster lehnen und der Sergeant Majorin der DLOLRRVR dabei zusehen, wie sie mit ihrem Zug schwedische Affenbewegungen macht, und nachmittags können Sie sich im Sand zurücklehnen und ihnen beim Spielen in den ruhigen Meereswogen zusehen (Teleskope ragen aus den oberen Fenstern der „Villa des Roses" und „Sans Souci" und lassen vermuten, dass die ADA und die BPC ähnliche Aufgaben übernehmen).

Die Zwischenzeit kann man damit verbringen, Ozon aus dem Meer, Harz aus den Kiefernwäldern und Champagner-Cocktails zu schlürfen, die Marie-Louise so geschickt in dem kleinen Café um die Ecke mixt. Und aus dem einen oder anderen Grund springt der invalide Offizier wie ein Schwein zurück an die Front und ist in der Lage, ganze Brigaden von Hunnen mit bloßen Zähnen zu zerhacken.

Sie werden verstehen, dass X eine sehr bewundernswerte Einrichtung ist, und als wir von diesem Erholungsheim hörten, waren wir voll und ganz dafür und versuchten, Fell auf der Zunge, Sprunggelenksbeulen und Hirnhautentzündungen zu züchten; aber der Kapitän verhärtete sein Herz gegen uns, und es ließ sich nichts machen.

Dann kam MacTavish eines Morgens ganz unentschlossen in die Reihen, fiel gegen einen Pfosten, zerschmetterte seine Armbanduhr und hätte sich, wenn das möglich gewesen wäre, den Schädel eingeschlagen.

Er rappelte sich auf, entschuldigte sich dafür, dass er sich vor den Pferden blamiert hatte, flickte seine Kopfhaut mit dem Pflaster von seinem Beatmungsgerät, lieh sich meine Reserveuhr „Pretty Polly" und machte weiter.

„Pretty Polly" kann zwei Runden vor jeder anderen Uhr drehen, ohne eine Spirale zu drehen. Äußerlich sieht sie ganz wie jeder andere mechanische Welpe aus, den die Ordnance für elf Francs netto verkauft; Ihr Geheimnis liegt in ihrer Feder, die meiner Meinung nach für „Big Ben" gedacht war, aber versehentlich in das falsche Fahrgestell gesprungen ist.

Auf jeden Fall schlägt es, sobald es aufgezogen ist, mit solcher Heftigkeit nach links und rechts, dass die ganze Maschine unter der Erschütterung ihres inneren Zwistes aufspringt und nach Art einer mexikanischen Tanzbohne auf dem Tisch herumhüpft und wie ein Strauß gackert das hat Zwillinge zur Welt gebracht.

Man wird feststellen, dass meine „hübsche Polly" in puncto Genauigkeit nicht die letzte Silbe ist, aber da MacTavish sie zu haben schien und freundlich zu mir war, was die Poloschläger anging, übergab ich sie ohne ein Murren.

Am selben Nachmittag kam MacTavish noch einmal nervös herüber, stürzte sich in einen Ziegelsteinhaufen und schlug sich selbst nieder.

Wir brachten ihn ins Bett und riefen den Tierarzt. Der Tierarzt berichtete, dass MacTavishs Fieber deutlich über dem Normalwert lag und in die Höhe schoss. Er erklärte weiter, dass MacTavish an PUO (spanisch für „Grippe") leide und die Nacht wahrscheinlich nicht überstehen würde.

Der Kapitän rief sofort bei OC Burials an und lud ihn zum Essen für den nächsten Abend ein, und Albert Edward telegrafierte seinem Schneider und fragte, was auf Grabsteinen getragen werde.

William, unser Kantinenpräsident, stellte sich neben den Kranken, in der Hoffnung, dass dieser lange genug zu Bewusstsein kommen würde, um seine Kantinenrechnung zu begleichen, und der Rest von uns verbrachte den Abend damit, Erinnerungen an den armen alten Mac, seine vielen hervorragenden Eigenschaften usw. hervorzurufen.

Doch am nächsten Morgen steckte ein Beamter seinen Kopf in die Messe und sagte, könnte Mr. MacTavish bitte etwas Whisky haben, er hatte Lust darauf, und überhaupt konnte man nichts davon erzwingen, wenn man ihn nörgelte, wenn man ihn benutzen wollte ein bisschen durchnässt.

Mittags kam der Beamte zurück und sagte, Mr. MacTavish hätte jetzt Lust auf eine Zigarette, außerdem auf die Leihgabe des Grammophons und auf ein paar fröhliche Schallplatten.

Der Skipper rief umgehend an, um die OC-Bestattungen zu verschieben, und Albert Edward schickte seinem Schneider ein Telegramm und änderte seine Bestellung auf die einer Kanarienvogelweste.

An diesem Abend stolperte MacTavish in die Messe und schaffte es, eine kleine Suppe, ein paar Schnitzel und eine Flasche Weißwein zu sich zu nehmen, ohne noch einmal unruhig zu werden.

Aber trotz alledem sah er nicht gerade besonders gut aus; er schwankte beim Gehen, sein Auge war trüb, seine Nase heiß, sein Ohr kalt und hing herab, und als der Kapitän ihn ansah, erinnerte er sich an die Passage in Teil II „Befehle", und setzte sich sofort hin und beantragte, dass MacTavish sofort nach X geschickt werden sollte. Dabei fügte er eine derart anschauliche Schilderung des Invaliden hinzu (das meiste davon war aus einem Erfahrungsbericht über jemandes Rückenschmerztabletten kopiert worden), dass wir zu Tränen gerührt waren und MacTavish zutiefst erschüttert in sein Bett zurückkehrte, als er hörte, wie krank es ihm gegangen war.

Der Kapitän schickte sein Porträt ans Hauptquartier und vergaß die Sache völlig. Und das Hauptquartier offenbar auch, denn wir hörten nichts weiter und vergaßen die Sache mit der Zeit auch selbst. In der Zwischenzeit kam MacTavish wieder in Form, und MacTavish ist in Form auch kein Pappenstiel.

Er hat eine Figur, die jeden Stich in seinem Sam Browne auf die Probe stellt, ein strahlend blaues Auge und einen Teint, der durch die äußere Anwendung von gemischtem Wetter und die innere Anwendung von gelbbraunem Portwein den Farbton der Roten Beete angenommen hat.

Dann plötzlich, wie eine Bombe aus heiterem Himmel, keuchte ein Krankenwagen zur Tür und präsentierte einen Befehl des Hauptquartiers, der besagte, dass die Leiche von MacTavish sofort dorthin gebracht werden solle, um ihn zu X zu bringen.

Der damalige Skipper war unterwegs, um zu hacken, und Albert Edward hatte das Kommando; Er schickte einen Ordonnanzbefehl zu MacTavish, der aus seinem Zelt kam und laut „My Friend John" sang und mehr denn je wie eine überfütterte Rote Bete aussah.

„Scheiß drauf, ich will nicht in ihre verfluchte Leichenhalle", schrie er; „Ich habe mich noch nie in meinem Leben fitter gefühlt. Ich kann nicht gehen; ich werde nicht gehen!"

"Das müssen Sie", sagte Albert Edward. "Ich kann den Kapitän nicht enttäuschen, nachdem er das Bild gemalt hat. Die Mitarbeiter würden ihm kein einziges Wort mehr glauben. Nein, MacTavish, mein Sohn, Sie müssen das Spiel mitspielen und gehen."

„Aber, du Esel, sieh ihn dir an", jammerte das Baby, „sieh dir seine rötliche, rubinrote Hautfarbe an, die an Tomatenketchup, Pflaumen und Äpfel erinnert. Was willst du dagegen tun?"

„Ich werde ihm die Laune verderben", antwortete Albert Edward grimmig. „Sag seinem Diener, er soll seine Zahnbürste in den Fleischwagen werfen, und du, Mac, kommst mit mir."

Er führte den heftig protestierenden MacTavish in die Küche. Der Koch erzählt mir, Albert Edward habe MacTavish zwei Handvoll Mehl ins Gesicht gerieben und seine Augenhöhlen mit Kohlenstaub gefüllt, und ich glaube dem Koch, denn fünf Minuten später traf ich Albert Edward, der etwas, das ich zunächst für die Leiche eines toten Pierrot hielt, den Gang hinunter zum wartenden Krankenwagen schleppte und ihn gleichzeitig ermahnte, das Spiel mitzuspielen und dem Kapitän zuliebe zu wackeln.

Der elende MacTavish, der am Mehl erstickte und vom Kohlenstaub geblendet war, schwankte wie ein taumelndes Clydesdale.

Ich sah, wie ein verängstigter RAMC-Sanitäter aus dem Wagen sprang und Albert Edward half, MacTavish hineinzuhieven, ihn zu Fall zu bringen und ihn auf einer Trage festzunageln. Dann verschwand der Krankenwagen hustend aus dem Blickfeld.

Die zugeteilte Woche verging, aber kein MacTavish kam wie ein Riese, der durch einen kräftigen Schluck Harz erfrischt wurde, zu uns zurückgesprungen, und wir wurden unruhig. Diese Unruhe ließ auch nicht nach, als die Heimleitung auf die Fragen des Kapitäns hin telegrafierte, sie wisse nichts von ihm.

Weiß der Himmel, was wir getan hätten, wenn nicht am nächsten Morgen ein Brief von MacTavish selbst eingetroffen wäre, in dem er uns mitgeteilt hätte, dass er im Krankenwagen auf dem Rücken gelegen und sich Kohlenstaub aus den Augen gekratzt und Mehl ausgehustet habe, bis der Wagen zu seiner Überraschung nicht am Erholungsheim, sondern an einer Verletztenstation anhielt.

Einige schnüffelnde RAMC-Pflegekräfte trugen ihn behutsam in ein Zelt, und ein Arzt kam herein, ebenfalls schnüffelnd. MacTavish ist der Meinung, dass das gesamte medizinische Personal an PUO litt und der Arzt der Kränkste von allen und alles andere als zuverlässig war.

Jedenfalls stieß er, als er MacTavishs Gesicht sah, ein bronchiales „Guter Gott!" aus. und riss MacTavishs Tunika auf, drückte eine Trompete an seinen Bauch und lauschte auf die Zecken.

Anscheinend hörte er etwas Sensationelles, denn er keuchte ein weiteres „Guter Gott!" und dekorierte MacTavish mit einem scharlachroten Etikett.

Innerhalb einer Stunde befand sich unser Held an Bord eines Zuges des Roten Kreuzes *auf dem Weg* zur Küste.

Im Bus waren viele fröhliche Verwundete, die so viel Suppe und Gelee bekamen, wie sie wollten; aber MacTavish bekam nur lauwarme Milch und sehr wenig davon. Aus Bruchstücken gedämpfter Gespräche, die er hier und da mitfing, schloss er, dass sein Leben am seidenen Faden hing.

Er fühlte sich sehr verwirrt und deprimiert, sagte er, erinnerte sich jedoch an seine Pflicht gegenüber dem Kapitän, spielte das Spiel mit und hielt sich mit ein paar Tropfen Gelee, die er heimlich von den fröhlichen Verwundeten erbettelte, am Leben.

Am nächsten Morgen fand er sich in einem Krankenhaus in England wieder, wo er noch immer ist. Er sagt, er sei von warmer Milch auf kaltes Essen umgestiegen, aber er verstehe, dass er trotzdem jeden Moment sterben könne.

Er hat erfahren, dass er mit einer „galoppierenden Herzkrankheit" nach Hause geschickt wurde, doch im Krankenhaus kann niemand die Krankheit auch nur im Geringsten lindern, und Gremien gelehrter Ärzte sitzen den ganzen Tag über auf ihm, halten ihre Trompeten auf seinem Bauch und lauschen auf das Zecken.

MacTavish sagt, er halte es für unwahrscheinlich, dass sie jetzt jemals wieder ein Zecken hören würden, und zwar aus dem guten Grund, dass er den Verursacher – nämlich meine „Pretty Polly" – am Tag seiner Ankunft aus dem Fenster geworfen habe.

In einem Nachtrag fügt er hinzu, dass er der Meinung sei, das Spiel weit genug gespielt zu haben, und dass er, wenn der Kapitän nicht bald käme und ihn aus der Patsche helfe, die gelehrten Ärzte beißen, die Krankenschwestern küssen, „My Friend John" singen und dem Regiment auf ewig Schande bereiten werde.

XXX

DIE HARRIERS (I)

Nachdem die Boche vor Kurzem einen Rückzug vollzogen hatten – „strategischer Rückzug", „taktische Anpassung", „elastisches Ausweichen" oder wie auch immer Ludendorff es diese Woche nennt –, mit anderen Worten, nachdem die Boche glorreich aus einem gewissen Stück Frankreich zurückgetrabt waren, fanden Albert Edward und ich uns einem Korpshauptquartier zugeteilt, das in einer Wildnis aus grasbewachsenen Feldern, zerstörten Dörfern und rauchenden Schlössern operierte.

Eines Abends lungerte Albert Edward bei dem Hühnerstall herum, in dem ich mich zu der Zeit aufhielt, und plauderte mit mir durch den Draht, während ich mich rasierte.

„Stellen Sie heute siebzehn Hasen und zehn Rebhuhnschwarm auf Besuch der Außenposten – nehmen Sie meinen Rat an und entfernen Sie Ihren Schnurrbart, wenn Sie schon dabei sind, er muss eine große Belastung für Ihren Körper sein – und zwanzig Hasen und vier Rebhuhnschwarm auf den Heimweg. Finden Sie, dass das Einseifen der Ohren ihr Wachstum verbessert, oder was?"

„Das Land wimmelt von Wild", sagte ich und ignorierte dabei seine Persönlichkeiten, „und hier hängen wir mit Leib und Seele an Bullen und Hundekuchen."

„Genau", sagte Albert Edward, „und in der Zwischenzeit vermehrt sich das festliche *Kaninchen* immer mehr. Ist Ihnen jemals in den Sinn gekommen, dass wir, wenn nicht bald etwas unternommen wird, Australiens traurige Geschichte hier in der Picardie wiederholen werden? Geben Sie den Kaninchen eine Chance und in kürzester Zeit werden sie die gesamte Ernte in Frankreich aufgefressen haben. Auf der Burra habe ich gesehen –"

„Einen Moment", sagte ich; „Wenn ich mir noch einmal Ihre südaustralische Kaninchengeschichte anhöre, müssen Sie sich meine südafrikanische Heuschreckengeschichte anhören; das ist nur fair."

„Oh, halt die Klappe", knurrte Albert Edward; „Können Sie nicht verstehen, dass diese Frage todernst ist?"

„Dann setzen Sie am besten die Panzer auf sie", schlug ich vor; „Sie würden sich amüsieren, und der Waterloo Cup wäre nicht dabei – Captain Monkey-Wrenchs gestromter Whippet, ‚Sardine Tin', 6 zu 4; Major Spanners ‚Pig Iron', 7 zu 2; ausgeglichenes Geld auf dem Feld." "

„Ihr Humor ist ein wenig angespannt", sagte Albert Edward; „Wenn du nicht aufpasst, wirst du eines Tages einen Witz auf Kosten einer Sehne machen."

„Sehen Sie", sagte ich und wischte das Blut von meinem Rasierhobel, „Sie haben offensichtlich Mühe, einer heftigen Gehirnwelle Ausdruck zu verleihen; raus damit."

„Was ist mit einem Rudel Weihen?" sagte Albert Edward. „Es muss Schwärme von verspielten Kerlen geben, treue Fidos, die sich durch dick und dünn an das liebe alte Gehöft gehalten haben, und auch Flüchtlingstiere, die den duftenden Infanteriekochern folgen. Ich habe mein altes Jagdhorn, du hast Ich habe deine alte Ernte. Wir sollten in der Lage sein, sie ein wenig zu mobilisieren und diese verdammten Hasen in Schwung zu bringen. Ich werde es trotzdem als Pflicht betrachten.

„So gesehen ist es eine heilige Pflicht", sagte ich; „Und – äh – nebenbei könnten wir ab und zu eine Hasenkeule daraus ernten, nicht wahr?"

„Nebenbei, ja", sagte Albert Edward, „und ein bisschen Sport noch dazu – nebenbei."

Also machten wir uns sofort daran, ein Rudel zusammenzustellen, indem wir unseren Bediensteten ohne weitere Fragen fünf Francs pro geeignetem Hund anboten.

Es wurden keine Fragen gestellt, aber ich hege den starken Verdacht, dass unsere Herren die ganze Nacht wach waren und dass in der Nacht dunkle Taten begangen wurden, denn schon am nächsten Abend präsentierten uns mein Stallbursche und mein Landsmann eine Rechnung über fünfundvierzig Francs.

Er teilte uns mit, dass die Hunde in „einem kleinen, eisgekühlten Raum" am nördlichen Ende des Schlossgeländes untergebracht seien und dass „selbst ein Blinder sie aufgrund des Gekreisches und Gebrülls, das sie aufgrund der Gefangenschaft an den Tag legen, nicht übersehen könnte".

Ich hatte einen Termin mit dem Q.-Stab (um zu erklären, warum ich vierundsechzig Pferderationen eingeplant hatte, obwohl ich nur zweiunddreißig Pferde besaß; die Ausrede, dass sie alle einen sehr gesunden Appetit hätten, reichte offenbar nicht aus), also ging Albert Edward los Überprüfen Sie die Packung alleine.

Er kam sehr spät in die Messe und sah heiß und zerzaust aus.

„Mein Wort, sie haben eine blühende Menagerie geplündert", keuchte er mir ins Ohr; „Trotzdem konnte ich wohl nicht damit rechnen, aus jedem Busch Pytchley-Welpen zu pflücken."

„Was haben sie eigentlich?" Ich habe nachgefragt.

„Zwei belgische Leichtzughunde – Sie wissen schon, die Art, die sie an jede Last anhängen, die zu schwer für ein Pferd ist – ein asthmatischer Beagle, ein anämischer Bluthund, ein domestizierter Wolf, ein unbekleideter Pudel und eine Art wassersüchtiger Mops. "

„Wozu zum Teufel ist der Mops da?" Ich fragte.

„Glück", sagte Albert Edward. „Ihr Handlanger sagt, ‚diese kleinen Hunde bringen einem tatsächlich Glück' und untermauert dies mit einer sehr überzeugenden Aussage eines Onkels von ihm in Bally – irgendetwas, das einen glücklichen Hund hatte – ‚der so blass hier ist wie zwei Spucke.' , bis auf die leichte Locke des Schwanzes – die für völlige Immunität vor Geistern, bösen Hexen und eingewachsenen Zehennägeln sorgte, fand ich für fünf Franken billig."

„Aber, mein Gott, diese Leute werden niemals Hasen jagen", protestierte ich.

„Werden sie das nicht?" sagte Albert Edward grimmig. „Mit der einzigen Mahlzeit, die sie jemals vor sich hertänzeln sehen werden, und du und ich, die hinter ihnen hertänzeln und sie mit Skorpionen geißeln, glaube ich eher, dass sie das tun werden. Übrigens, ich weiß, dass es dir nichts ausmachen wird, aber mir „Ich musste dein Bett unter den Kastanienbaum schieben; es ist wirklich ein ganz guter Baum für Bäume."

„Aber warum kann ich nicht in meinem Hühnerstall anhalten?", wandte ich ein.

„Weil ich das Rudel gerade dorthin gebracht habe", sagte er.

„Aber warum?", fragte ich weiter. „Was ist mit dem Eishaus los?"

„Das ist es ja", zischte er mir ins Ohr. „Es ist kein Eiskeller – war es nie. Es ist die Familiengruft der Familie De Valcourt."

Da der nächste Tag günstig war, beschlossen wir, an diesem Abend unser erstes Treffen abzuhalten, und verschickten ein paar Einladungen. Der Tierarzt und die Feldkassiererin versprachen zu kommen, ebenso der Padre, sobald man ihm die Heiligkeit unserer Sache erklärt hatte.

Mittags meldete Albert Edward aus dem Stall, dass das Rudel in bester Verfassung sei. „Sie machen einen fürchterlichen Lärm und sehen verzweifelt genug aus, um einen heiligen Engel zu jagen", sagte er. „Um fünf Uhr, mein Junge, hart vorwärts! Tally-ho! und Odds-boddikins!"

Doch um 16:45 Uhr, als ich gerade aufstieg, erschien er in meinen Reihen, in lockerer Hose und mit sehr niedergeschlagener Miene.

„Versager", knurrte er. „Sie wurden gefüttert und liegen jetzt in der Luft herum, sind in die Luft gesprengt und für die Welt tot."

„Aber wer zum Teufel hat sie gefüttert?", donnerte ich.

„Sie haben sich selbst ernährt", sagte Albert Edward. „Sie haben den verdammten Glückshund um halb fünf gegessen."

Wir verschoben die Jagd daher auf den nächsten Tag. Aber wenn man sich einmal dem Kannibalismus hingibt (das versichern mir die Kannibalen), nimmt man ihn genauso gefangen wie Morphium oder Puzzles, und am nächsten Nachmittag um Viertel nach drei meldete mein Stallbursche, der Beagle sei denselben Weg gegangen wie der Mops und das Rudel sei erneut tot.

Es blieb nichts anderes übrig, als die Show erneut zu verschieben und zur Vorsicht vor weiteren Orgien jeden Hund einzeln anzubinden.

Es schien jedoch, als sei es für sie zur Gewohnheit geworden, denn als man sie am Abend des dritten Tages losließ, gingen sie wie ein Hund auf den Pudel los.

Mit einem geschickten Schlag meiner Peitsche wischte ich dem Bluthund die Nase ab, und Albert Edwards Schlachtross hielt den domestizierten Wolf fest, indem es fest auf seinen Schwanz trat, was dem Flüchtling einen Vorsprung von einigen Sekunden verschaffte. Dann raste eine Welle tollwütiger Hunde zwischen die Beine unserer Pferde und verfolgte ihn, schreiend nach Blut.

Der Pudel hörte den Schrei und zögerte nicht, sondern brachte ihn mit Schnelligkeit und Gewandtheit fort. Er raste durch den Obstgarten, fünf Längen voraus; aber das gute Durchqueren des Parks schmälerte seinen Vorteil. Er stürzte sich hart durch den Zaun und sprang, während der heiße Atem des Bluthunds seine Schwanzfedern versengte, auf die Ladefläche eines großen Bauernkarrens, der, wie es seine Vorsehung war, zufällig die breite Straße entlangfuhr.

In den Deichseln des Karrens saß eine schläfrige, fette Percheron-Stute. Auf dem Sitz saß eine schwerfällige Bäuerin, gepolstert in ansehnlichem Schwarz und gekrönt von einer Perlenhaube. Sie machten wahrscheinlich einen sentimentalen Ausflug zu den Ruinen ihrer Farm. Ich weiß nicht; Aber ich weiß, dass die dicke Stute plötzlich aus einem angenehmen Schlaf gerissen wurde, als sie sich in der Mitte eines wilden Rudels aus Wölfen, Bluthunden und anderen Hunderowdys wiederfand, und weil ihr die Dinge nicht gefielen, sie sofort davonlief.

Albert Edward und ich sprangen über die niedrige Hecke und sahen, wie der Karren, verfolgt von unseren lautstarken Läufern, in einer Staubwolke die Straße hinunter verschwand.

Die dicke Bäuerin, deren Haube über einem Ohr wackelte, zog mannhaft an den Zügeln und schrie dem heiligen Lazarus von Artois zu, er solle bremsen. Über dem Heckbrett ragte der Kopf des Pudels hervor und schrie seinen verblüfften Feinden höhnisch zu.

Man wird Ihnen sagen, dass Percherons nicht galoppieren können. Oder etwa nicht? Glauben Sie mir, diese graue Stute huschte wie eine aufgeschreckte Gazelle. Auf jeden Fall war sie zu gut für unser Rudel, das wir eine Meile von uns entfernt fanden, auf dem Rücken in einem Graben liegend, zu erschöpft, um irgendetwas zu tun, außer uns die Zunge herauszustrecken, während wir in weiter Ferne eine kleine Staubwolke sehen konnten, die dem Horizont entgegenraste.

"Gott helfe dem Verkehrspolizisten an der nächsten Ecke", grübelte Albert Edward, "er wird nie wissen, was ihn getroffen hat. Na ja, das war ziemlich lustig, solange es dauerte, was? Allein zu sehen, wie der Padre die Gartenmauer überquerte, war das Geld wert."

„Na ja, ich schätze, wir sollten diese Verderber am besten nach Hause in die Zwinger treiben, solange sie noch zu schwach sind, um sich zu wehren. Komm schon."

„Und in der Zwischenzeit vermehrt sich der festliche *Hase immer mehr*", *sagte Albert Edward.*

XXXI

DIE WEIDEN (II)

Albert Edward und ich saßen auf einem Baumstamm vor dem Hühnerstall, in dem unser Rudel untergebracht war, als wir Algy, den ADC, bemerkten, der vorsichtig auf uns zu trottete. Albert Edward warf einen Kuss zu. „Guten Tag, Algy. Wie *hübsch* er in seinem rosa Kleid aussieht! Sag mal, verwechseln dich die Leute jemals mit einem Kinobesucher und geben dir ein paar Cent?"

„Guten Tag, Algy", sagte ich. „Hast du einen anstrengenden Morgen damit verbracht, die Atemschutzmaske des alten Mannes zu tragen – mit seinem Mittagessen darin?"

Als Antwort stieß mich Algy nach hinten vom Baumstamm, setzte sich auf meinen Platz und betrachtete einige Sekunden lang unsere Hunde.

„Und sind das die berüchtigten Hare-em-Scare-ems?" er erkundigte sich.

Ich nickte. „Ja, Sir. Absolut die einzige Gruppe von Harriern, die im Kriegsgebiet operiert. Garantiert waffenzerstört, von Granaten getroffen, von Granatsplittern übersät und von Kugeln zerstochen."

Algy schniefte. „Was ist dieser große Kerl dort in der Ecke, er mit dem zerknitterten Gesicht und dem stachligen Lächeln? Sieht aus wie ein Bluthund."

„Ist ein Bluthund", sagte Albert Edward. „Wenn Sie mir nicht glauben, treten Sie ein und benehmen Sie sich für einen Moment wie rohes Rumpsteak."

Algy deutete mit seinem Stock. „Und dieses Geschöpf, das sich fleißig selbst entlaust? Das ist natürlich ein Wolf?"

„Seine Wölfe gehen nur bis zur Oberfläche", sagte ich. „Ein grauer Gänserich hat es gestern fast ausgelöscht. Meiner Meinung nach ist es ein Schaf im Wolfspelz."

Algy wedelte mit seinem Stock und zeigte auf die beiden verbleibenden Paare.

„Und diese? Welche Rasse würdest du sie nennen?"

Albert Edward grunzte. „Man könnte sie jede Rasse nennen, die man möchte, und teilweise recht haben. Wir haben sie ‚The Maconochies' genannt, was übersetzt ein bisschen von allem bedeutet."

„Und wie viele Hasen hast du getötet?" Algy erkundigte sich.

„Wir haben noch keine wirklich getötet", sagte ich, „aber wir haben ihnen Luft gemacht; ihre *Moral* ist sehr niedrig."

„Nun, meine kühnen Nimrods", sagte Algy, „es tut mir leid, sagen zu müssen, dass das Spiel vorbei ist."

„Was meinst du mit ‚Spiel'?" widersprach Albert Edward. „Ich habe Ihnen bereits gesagt, dass dies ein ernsthafter Versuch ist, eine Nagetierplage abzuwenden. In Australien habe ich gesehen –"

Algy hob die Hand.

„Ich weiß, ich weiß. Aber manche Leute, die Ihre grauenhafte Kolonialerfahrung nicht genossen haben, sind ein wenig skeptisch. Hören Sie. Gestern Abend, als ich mit dem alten Mann durch Vaux-le-Tour nach Hause fuhr, wen hätte ich da außer Ihnen beiden Jägern gesehen, die draußen auf dem Hügel einen Hasen ritten, in einiger Entfernung verfolgt von drei berittenen Lastkahnfahrern –"

„Der Padre, der Feldkassierer und OC Bugs", erklärte Albert Edward. „Wir machen Männer aus ihnen. Weiter."

- „in noch größerer Entfernung verfolgt", fuhr Algy fort, „von einer wütenden Bande von Bastarden. Übrigens, ist das bei Ihnen bei der Jagd nicht der falsche Weg, sozusagen der Karren vor das Pferd? Ich dachte immer, es sei üblich, dass die Hunde zuerst gehen."

„In manchen Fällen würde der Hase nicht merken, dass er gejagt wird, wenn er es wüsste", sagte ich. „Das ist einer davon. Machen Sie weiter."

„Nun, soweit so gut. Der alte Herr döste in seiner Ecke und es ist kein Schaden entstanden."

„Also haben Sie ihm wohl einen Rippenstoß verpasst und gemeckert: ‚Oh, seht euch nur die bösen Jungs an, die hinter dem kleinen Kaninchen her sind!'", höhnte Albert Edward.

Algy schüttelte den Kopf. „Ich nicht. Du hast ihn selbst aufgeweckt, mein Sohn, indem du auf deiner kleinen Blechtrompete gedumpft hast. Er hörte es in seinen Träumen, schoss hoch und rief: ‚Herrgott, was ist das?', steckte den Kopf aus dem Fenster und sah die tapfere Kavalkade wie in einem Comicfilm am Horizont entlangrollen. Er sog die geschäftige Szene in sich auf, drehte sich dann zu mir um und sagte –"

Albert Edward unterbrach ihn. „Ich weiß genau, was er gesagt hat. Er sagte: ‚Algy, mein Junge, das ist der richtige Geist. *Vive le sport*! Wie sehr erinnert uns das an unsere Jugendzeit auf der Halbinsel! Oft hat unser Vetter aus Wellington uns gegenüber bemerkt, wie Waterloo auf dem Spielfeld gewonnen wurde –'"

Algy unterbrach den Redefluss und fuhr mit seinem Stück fort. „Er sagte zu mir: ‚Gott segne meine Seele, wenn diese jungen Teufel nicht wie ein Hase galoppieren!‘ Ich sagte: ‚Sir, sie behaupten, dass sie gute Arbeit leisten, indem sie eine drohende Nagetierplage abwenden, ein Zustand, der sich für die Antipoden als sehr schädlich erwiesen hat.‘

„‚Drohende Großmütterplage!‘ antwortete der alte Krieger. „Sie haben Spaß, das ist es, was sie tun – wohlgemerkt, ich habe nichts dagegen, dass ihr jungen Leute euch *heimlich amüsiert*, aber das ist einfach zu eklatant.“ Stellen Sie sich den Tumult im Repräsentantenhaus vor, wenn die Nachricht von diesem Geschehen nach Hause dringen würde: „BEF amüsiert sich!“ Wissen sie nicht, dass es Krieg gibt? *Cherchez le général* und ab mit dem Kopf!“ Machen Sie einen Rundgang und sehen Sie sich Ihre hundeliebenden Freunde an und sagen Sie ihnen, dass ich Häkeln empfehle, wenn sie gute Werke mögen.“ Also muss der General jetzt weg, ich muss den alten Vogel hochbringen, um einen Blick auf den Krieg zu werfen.

Algy trottete behutsam wieder nach Hause, drehte seinen Stock und pfiff fröhlich. Missmutig sahen wir ihm nach.

„Ich glaube, dass die Jugend es geradezu genießt, Trübsinn zu verbreiten“, knurrte Albert Edward. „Na ja, ich schätze, jetzt müssen wir die Hunde loswerden. Befehl ist Befehl.“

„Aber glauben Sie, dass sie gehen werden?“ Ich fragte. „Wir haben sie in letzter Zeit gelegentlich gefüttert.“

„Wir werden sie dorthin zusammentreiben, wo sie Wind von den Infanteriekochern bekommen können“, sagte Albert Edward; „Sobald sie den seltenen alten Eintopf riechen, werden sie uns ganz vergessen.“

Dementsprechend ließen wir eine Stunde später unser Rudel zum letzten Mal aus dem Hühnerstall. Sie verfolgten sofort ein umherirrendes getigertes Kätzchen, das ein Geräusch von sich gab, das an viele Siphons erinnerte, auf einen Baum schoss und sie völlig verwirrte. Wir trieben sie schnell aus dem Schlossgelände, Albert Edward schlenderte voran und trommelte traurige Musik aus seinem Horn, und ich bildete die Nachhut und ließ meinen Peitschenknaller unter dem Heck der Nachzügler knallen. Kaum hatten wir den Park verlassen und machten uns auf den Weg ins offene Grasland dahinter, als ein Bockhase direkt unter unseren Füßen hervorsprang und das Rudel jubelnd mit Bass und Falsett davonzog.

Albert Edward zerrte seine aufgeregte Stute zum Stehen. „Sehen Sie sich diese Mistkerle an!“ er schrie. „Zum ersten Mal im Pukka-Stil auf Nasenjagd gehen, nur weil sie wissen, dass wir ihnen nicht folgen können. Oh, das ist zu viel!“

„Ich verstehe nicht, warum wir ihnen nicht aus der Ferne folgen sollten“, sagte ich. „Wir können so tun, als gäbe es keine Verbindung – in Wirklichkeit gibt es keine Verbindung, wir haben sie nicht angegriffen. Sie jagen auf ihnen.“ Wir sind gerade unterwegs.

Albert Edward zwinkerte mir zu und gab seiner Stute den Kopf. Zu diesem Zeitpunkt hatte das Rudel die Ebene bereits weit überquert, der Wolf führte ihn an, geräuschvoll unterstützt von den Maconochies und dem Bluthund. Dreimal drehte sich der Hase um und ging in die Hocke, aber dank der untrüglichen Nase des Bluthundes wurde er jedes Mal verdrängt und drängte weiter, wobei er sichtlich scheiterte. Er machte eine scharfe Kurve in Richtung der Windmühle, und Albert Edward und ich erreichten gerade noch rechtzeitig den Zaun des Müllers, um zu sehen, wie die Maconochies ihn durch das Unkraut wälzten. Auch auf der Autobahn hinter der Mühle sahen wir etwas, was uns vorher nicht aufgefallen war, nämlich eine graue Limousine. Auf einem umgestürzten Baum am Wegesrand saß der General, sein Gesicht so gefärbt wie sein Hut. Den Gartenweg entlang stolperte Algy auf uns zu, drehte seinen Stock und pfiff fröhlich. Albert Edward stöhnte.

„Etwas am Verhalten deiner Jugend sagt mir, dass er unser Todesurteil trägt. Hier hältst du die Pferde, während ich die Guillotine füttere. Das ist bei weitem das Beste, was ich je getan habe.“

Er warf die Zügel um und taumelte seinem Untergang entgegen. Ich sah, wie er sich dem alten Mann bis auf fünf Meter näherte, als etwas Seltsames geschah. Plötzlich stieß der General einen lauten Schrei aus, sprang auf und begann, die Straße auf und ab zu tanzen, wobei er sich riss und quälte und so heftig fluchte, dass ich Schwierigkeiten hatte, die Pferde zu halten. Sein Chauffeur und Algy eilten an seine Seite, und sie und Albert Edward bildeten einen verständnisvollen Kreis, während er in ihrer Mitte tanzte, tobte und sich selbst schlug. Plötzlich schien die Luft voller fliegender Tuniken, Hemden, Leibchen usw. zu sein, und eine Sekunde später sah ich das außergewöhnliche Schauspiel eines Generalleutnants, der praktisch nackt (in Erwartung seiner Mütze und Stiefel) mitten auf einer französischen Autobahn tanzte , während zwei Unteroffiziere und ein Gefreiter ihn heftig schlugen. Fast eine Minute lang ging es so weiter, und dann schien er sich unter Kontrolle zu haben und wurde von Algy zu seinem Auto geführt, gefolgt vom Chauffeur, der Kleidung von Bäumen und Büschen holte. Albert Edward, ein zitterndes Grinsen, wackelte und ergriff seine Zügel. „Bei Gott! Wieder gerettet. Er kann wohl doch nicht in die Hand beißen, die ihn verprügelt hat, oder?“

„Aber was zum Teufel war los?“ Ich fragte. „Ein Anfall, religiöser Wahnsinn, eine Buße – was?“

„Er saß auf einem Wespodrom“, sagte Albert Edward, „und sie waren ihm
auf den Fersen.“

XXXII

DIE KAMERA KANN NICHT LÜGEN

Als ich jung war, war ich überaus gutaussehend. Ich habe dokumentarische Beweise, die das belegen. Es gibt ein Foto von einem jungen Herrn, der mit dem Rücken zu einer wilden Meereslandschaft steht, eine Hand ruht locker auf einem Shakespeare-Band, der wiederum auf einem rustikalen Tisch steht. Der junge Herr hat große, unschuldige Augen, einen Rosenknospenmund und lange goldene Locken (wie der arme, gute alte Romney sie so schön trug). Ansonsten ist er geschmackvoll in einen kurzen Samtanzug, einen Spitzenkragen und weiße Seidensocken gehüllt. „ *Der kleine Lord Fauntleroy* “, murmeln Sie vor sich hin. Nein, Sir (oder Madam), ich bin es – oder war es vielmehr. Als ich jung war, hielt sich kein Mädchen für richtig verheiratet, wenn ich nicht bei der Zeremonie anwesend war, wie ein preisgekröntes Kaninchen aufstand und am anderen Ende ihrer Schleppe festgebunden war. Heutzutage bin ich nicht mehr so gutaussehend. Sicher, Sie können ein Pferd an mir vorbeitreiben, ohne ihm die Augen zu verbinden und so weiter, aber niemand verwechselt mich jemals mit Maxine Elliott.

Persönlich war ich durchaus damit einverstanden, in der National Portrait Gallery durch eine farbige Kopie der oben beschriebenen Präsentation vertreten zu sein, aber meine Heimatbehörden dachten anders, und als ich das letzte Mal in England auf Urlaub war – kurz nach der Schlacht von Azincourt – scheuchten sie mich nach Valpré. „Gehen Sie zu Valpré“, sagten sie, „er ist so künstlerisch.“ Also ging ich nach Valpré und wurde von einer Dienerin eingelassen, die mit ihrer weißen Hand vage in Richtung einer Reihe von Türen winkte und murmelte: „Warten Sie dort bitte.“ Ich öffnete auf gut Glück die nächste Tür und trat ein.

Im Wartezimmer waren drei weitere Dienstmädchen mit der Arbeit an Fotos beschäftigt. Eine malte Grübchen auf die Wange einer Dame, eine füllte Lücken im Schnurrbart eines Leutnants, eine glättete die Wölbung der Weste eines Börsenmaklers. Bald darauf erschien die erste Dienstmagd wieder und teilte mir etwas barsch (ich wartete offenbar im falschen Zimmer) mit, dass der Meister bereit sei. Also ging ich nach oben in den Operationssaal. Nach einer eindrucksvollen Pause wurde ein Vorhang beiseite geschoben und der Meister trat ein. Er hatte nicht im Geringsten Ähnlichkeit mit dem Künstler meines ersten Fotos, der gezwitschert und mit einem Gummiaffen Kunststücke vollführt hatte, damit ich die Ohren spitzte und klug aussah. Dieser Mann hatte die Mähne eines Pudels, eine plüschige Smokingjacke mit Rokokobesatz, eine Satinkrawatte, Ringe und Armreifen wie die Jungs in *La*

Bohème , und ich wusste, dass ich in der Gegenwart wahrer Kunst war, und neigte den Kopf.

Bei meinem Anblick zuckte er sichtlich zusammen; mein Aussehen schien ihm überhaupt nicht zu gefallen. Er riss sich jedoch zusammen und ging auf Erkundungstour. Er drückte mich auf einen Stuhl, drehte ein paar Schrauben an der Rückenlehne und mein Kopf war in einer Stahlklammer festgeklemmt. Ich flehte um Gas oder Kokain, aber er beachtete es nicht und schlich zum anderen Ende des Theaters, um zu sehen, ob die Entfernung irgendwie verzaubern würde. Offensichtlich war das nicht der Fall. Je mehr er von mir sah, desto weniger schien er die Aussicht zu bewundern.

Plötzlich entzündete sich das Feuer der Inspiration in seinem Auge und er kam, um mich zu holen. Ich kämpfte mit der Klemme, aber sie klammerte sich wie ein Bullterrier an ein Hammelkotelett. Einen Augenblick später packte er mich am Kopf und fing an, ihn mit dicken, kräftigen Händen näher an den Wunsch seines Herzens zu formen. Er drückte meinen halben Unterkiefer in die Brusttasche, steckte meine Ohren so fest, dass sie wochenlang nicht wedeln konnten, drückte meine Nase mit dem Daumen nach unten, als wäre es der Knopf einer elektrischen Klingel, und knetete ganz allgemein meine Gesichtszüge vom frühen Hibernium bis zum späten griechisch-römischen Zeitalter. Dann, bevor sie in ihre normale Position zurückkehren konnten, war er zurückgesprungen, hatte an der Leine gezogen und die Kamera abgefeuert.

Einige Wochen später kamen die fertigen Fotos an. Die Dienerinnen hatten ihren Beitrag geleistet, und das Ergebnis war ein ansprechendes Porträt, ein *Kunstobjekt* , eine Zierde für jedes Familienalbum. Der Mann Valpré war in der Tat ein Künstler.

Vor ein paar Tagen hat mich der Skipper in die Schreibstube gepfiffen. Sein Tisch war übersät mit Paradestatuen, Pferderegistern und Pappzetteln, alles durcheinander. Der Skipper selbst schien unter einer schweren psychischen Störung zu leiden. Seine Stirn war in Falten gelegt, sein Toupet zerknittert, und er saugte an seinem Füllfederhalter und saugte unbewusst viel dunkle Nahrung auf.

„Ausweise", erklärte er und deutete auf die Belege. „Muss sie jetzt tragen. Halte dich an die italienischen Vorschriften. Ich habe versucht, dich zu beschreiben. Napoo." Er zeigte mir das Ergebnis. Ich habe es gescannt und kam zu dem Schluss, dass er es mit Pferderegistern vermischt hatte. Es lautete wie folgt:

Geboren . . . . Ja.

Höhe . . . . . . 17 Hände.

Haar . . . . Bucht.

Augen . . . . Zwei.

Nase . . . . Wellenförmig.

Schnurrbart ... gefressen.

Teint ... Natürlich.

Besondere Kennzeichen . .

Der Skipper zeigte auf die leere Stelle. „Das will ich wissen – besondere Kennzeichen. Haben Sie welche? Schnauze, Blesse, weiße Fesselgelenke, irgendetwas?"

„Jawohl", sagte ich. „Erdbeerfleck auf dem Unterschenkel."

Er saugte nachdenklich an seinem Füllfederhalter. „Mmpf", sagte er, „ich würde es an deiner Stelle nicht erwähnen. Du willst dich doch nicht jedes Mal, wenn du einem Geheimdienst begegnest, mitten auf der Straße ausziehen müssen, oder?" Ich stimmte zu, dass ich das nicht wollte – jedenfalls nicht vor Juni. Der Skipper wandte sich wieder der Karte zu und runzelte die Stirn.

„Dieses kleine Federbild von dir könnte man nicht gerade als sprechendes Abbild bezeichnen, oder? Wenn du jetzt nur ein Foto von dir hättest."

„Das habe ich, Sir", sagte ich fröhlich.

„Mein Gott, Mann, warum hast du das nicht schon früher gesagt? Hier, nimm das und füge das Ding ein. Und jetzt trotte davon."

Ich trottete davon und klebte Valprés *Kunstobjekt* auf die Karte.

Gestern Abend ritten Albert Edward und ich aus einer bestimmten italienischen Stadt (keine Namen, keine Rudelübung). Albert Edward geriet in einen Vorfahrtsstreit zwischen fünf Ochsenwagen und zwei Lastwagen, und ich joggte voraus. Am Rande der Stadt befand sich eine Barriere, die von einer Gruppe Carabinieri bewacht wurde, die mit Kriegsmaterial, Schnurrhaaren und Dreispitzhüten des von Bonaparte populären Stils geschmückt waren. Auch ein Offizier. Als ich an der Absperrung vorbeiging, erspähte mich der Beamte und gab mir ein Zeichen, anzuhalten, da ihm mein Aussehen nicht gefiel (wie ich bereits angedeutet habe, gefällt es niemandem). Hätte ich bitte einen Ausweis? Ich hatte es und reichte es ihm. Er nahm die Karte und warf einen scharfen Blick auf das kleine Federbild des Skippers und Valprés „Porträtstudie", dann auf das angebliche Original. „Lieutenant", sagte er grimmig, „das stimmt nicht. Das sind nicht Sie."

Ich bejahte. Er schüttelte mit großer Überzeugung den Kopf. „Niemals! Die Nase auf diesem Foto ist gerade, die Ohren liegen zurück, der Kiefer ist normal. Während ich mit Ihnen zusammen bin – [kontinentale Höflichkeit hielt ihn zurück]. Leutnant, Sie müssen mit mir kommen.“

Er winkte einem napoleonischen Korporal zu, der mit klirrendem Kriegsgerät näher kam. Ich sah mich selbst im Morgengrauen vor einem Erschießungskommando stehen und fröstelte am ganzen Leib. Ich hasse frühes Aufstehen.

Inzwischen hatte mich der Korporal unter ständigem Geballerklirren überholt und ich war kurz davor, in die Bastille oder wie auch immer sie diese nennen, abgeführt zu werden, als sich Albert Edward plötzlich in die Runde einschlich und sich an den Offizier wandte. „Eine halbe Minute, Mongsewer [für Albert Edward ist jeder Ausländer ein Mongsewer]. Das Foto zeigt ihn zwar, aber es wurde vor seinem Unfall aufgenommen.“

„Sein Unfall?“, fragte der Beamte.

„Ja“, sagte Albert Edward; „Traurige Angelegenheit, Schock. Ein Klumpen platzte ihm fast ins Gesicht und brachte alles aus der Fassung. Kannst du das nicht sehen?“

Der Italiener beugte sich vor und unterzog meine geröteten Gesichtszüge einer durchdringenden Prüfung; Dann wurden seine dunklen Augen fast zu Tränen gerührt, und er gab mir meine Karte zurück und salutierte.

„Sir, Sie haben meine Entschuldigung – und mein Mitgefühl. Guten Abend.“

„Albert Edward“, sagte ich, als wir in die Dämmerung trabten, „Sie mögen ein wahrer Freund sein, aber Sie sind kein Gentleman.“

XXXIII

LIONEL TRELAWNEY

Lionel Trelawney Molyneux-Molyneux gehörte der Rasse der Beaux an. Wäre er in den eleganten Tagen erfolgreich gewesen, hätte Nash Schnupftabak mitgenommen, D'Orsay-Wein – nicht weniger. So wie es war, verneigten sich die Hohepriester von Savile Row vor ihm, der Stab des *Schneiders und Schneiders* schrieb Anführer auf seine Westen, und die Lilien des Feldes winselten „Kamerad" und verdorrten.

Als der Krieg ausbrach, verließ Lionel Trelawney seine komfortablen Gemächer in St. James und beteiligte sich daran. Er hatte keine Begeisterung für Blutvergießen. Krieg, so behauptete er von Anfang an, sei ein vulgärer Zeitvertreib, ein trostloser, abstoßender Zustand, der einen zu Tode langweile, einen dazu zwinge, mit allen möglichen unmöglichen Leuten Umgang zu haben und die Kleidung ruiniere. Trotzdem musste das West End vor einer Invasion von Gummistiefeln, Zelluloid-Unterhemden, Tirolerhüten und musikalischem Suppenschlucken bewahrt werden. Das war *sein* Kriegsziel.

Durch den Einfluss einer Tante im Kriegsministerium erhielt er sofort einen Offiziersposten, und nach einem Monat Diensturlaub (den er mit seinem Schneider im Verborgenen verbrachte) erschien er als glänzende Figur in der Messe der Loamshire Light Infantry und wagte sich mit ihnen auf den Weg nach Gallipoli. Es wird berichtet, dass während der Hölle dieser ersten Landung, als Boote kenterten, Verwundete von Stacheldrahttakeln unter Wasser gezogen wurden und Maschinengewehre das Meer zu blutigem Schaum peitschten, Lionel Trelawney auf einem hervorstehenden Teil eines Lastkahns stand, sein Auge auf seine makellosen Feldstiefel gerichtet, und gereizt bemerkte: „Und jetzt, verdammt, werde ich wohl nass!"

Nach der Evakuierung ging das Bataillon nach Frankreich, aber nicht einmal der Matsch des Frontvorsprungs oder der Schlamm von Festubert konnten seine Pracht trüben. Wann immer er Gelegenheit dazu hatte, setzte er sich wie eine Katze hin und leckte sich. Wohin er auch ging, sein Bursche ging auch mit und schleppte einen Sack voller Putzzeug und Wechselkleidung mit sich. Einmal trieb er sein Schlachtross in den Kanal von La Bassée, als er es eilig hatte, den Urlaubszug zu erreichen. Er tauchte auf wie eine Flussgottheit, üppig mit Vogelmiere geschmückt, das Brillenglas noch im Auge („Kam hoch wie ein blinkendes U-Boot", sagte ein Zuschauer, „Periskop zuerst"), ging zu Fuß zurück ins Quartier und zog sich um, obwohl ihn das zwei Tage seines Urlaubs kostete.

Er war weder ein guter noch ein eifriger Offizier. Er hatte keine Angst – er verachtete den Krieg zu sehr, um zuzugeben, wie schrecklich er war –, aber er war ständig düster und grübelte und unternahm nicht den geringsten Versuch, seine Aufgabe mit der geringsten Begeisterung zu erfüllen. Und trotzdem litten die Loamshires unter ihm. Er hatte seinen Nutzen – er unterhielt die Männer. In dieser angespannten Zeit kurz vor einem Angriff, wenn der Minutenzeiger immer näher an die Null rückte, wenn die Nerven angespannt waren und die Leute besorgt nach Lewis-Maschinengewehren, SAA, Tragen, Bomben usw. fragten, sagte Lionel Trelawney zu seinem Burschen: „Hast du das Schuh- und Messingpoliermittel, das Blanco, die Bürsten? Sicher?" (ein Seufzer der Erleichterung). „Also gut, jetzt können wir loslegen", und so kletterten seine Jungs grinsend von Ost nach West über die Brustwehr.

"Wo ist der alte Kragen und die Manschetten?", rief ein schlammbedeckter Krieger, nachdem ein kreischender Granatentornado über sie hinweggefegt war. "Ein Granattreffer reinigt seine Zähne", kam die Antwort, und der angeschlagene Zug kicherte fröhlich. "Er ist ein Trottel, das ist er", sagte sein Sergeant bewundernd. "Er ist vier Meilen mit seiner Gasmaske zurück ins Quartier marschiert und dabei umgekommen, und das alles, weil er sein Rasiermesser verloren hatte und sich zwei Tage lang nicht rasiert hatte. Er ist ein Spinner und hat keinen Fehler gemacht."

Es kam vor, dass die Loamshires den Auftrag erhielten, Herrn Hindenburgs bekannten Graben zu überqueren und ein Dorf auf der anderen Seite einzunehmen. Eine Panzerkompanie, die aus dem Nieselregen der Morgendämmerung heranrollte und aus jeder Ritze Feuer spuckte, brachte sieben Windböen über die Landsturmer-Herren in Besitz; und die Loamshires, die ihre ersten Ziele mit sehr geringen Verlusten erreichten, trotteten in bester Verfassung, mit erhobenem Heck und stolz wedelnd, zu ihrem zweiten Ziel. Die Panzer fuhren durch das Dorf, schlugen Splitter von der Architektur und schoben Häuser um, die im Weg standen; und die Loamshires folgten ihnen und verteilten Bomben in den Kellern.

Die Konsolidierung war im Gange, als Lionel Trelawney auf den Tatort schlenderte und sich vorsichtig einen Weg durch die Trümmer der Hauptstraße bahnte. Er schlenderte zu einer Gruppe von Loamshire-Offizieren, gähnte, erzählte ihnen, wie müde er sei, verfluchte den Nieselregen, weil er seine Knöpfe verdunkelte, und schlenderte zu einem Unterstand, um dort Schutz zu suchen. Er kam nicht weiter als bis zum Eingang, denn als er ihn erreichte, kam ein Deutscher mit großen Augen die Stufen hinaufgeklettert und kollidierte mit ihm, sich verbeugend. Eine ganze Sekunde lang standen die beiden mit offenem Mund Brust an Brust da, zu überrascht, um sich zu bewegen. Dann drehte sich der Hunne um und rannte davon. Aber dieses Mal war Lionel Trelawney nicht zu gelangweilt, um zu spielen. Er zog seinen Revolver und stürzte wie ein Besessener auf ihn zu und feuerte wild. Zwei Schüsse leerten eine Pfütze, einer ließ einen Sandsack platzen, einer ließ einen Wetterhahn fliegen und einer ging einfach überall hin. Sein leerer Revolver traf den fliegenden Hunnen im Kreuz, als er über eine Mauer sprang; und Lionel Trelawney sprang hinter ihm her.

"Molly ist verrückt geworden", riefen seine erstaunten Offizierskameraden, als sie auf eine Ruine kletterten, um die Jagd besser beobachten zu können. Die Jagd ging mit vollem Geschrei durch die kleinen Gärten der Hauptstraße. Es war ein mitreißendes Schauspiel. Der Hunne rannte um sein Leben, Lionel Trelawney rannte hart auf seinem Gestrüpp herum und jaulte wie ein rasender Foxterrier. Sie stürzten über verworrene Beete, krachten durch wackelige Zäune, fielen kopfüber, rappelten sich wieder auf und rannten weiter, keuchend wie durchlöcherte Dudelsäcke.

Überall ragten Köpfe von Atkins auf. „Helfen Sie mir, wenn es nicht der alte Kragen und die Manschetten sind! Los, Sir, das ist das Zeug, das man ihnen geben kann!" Ein Mann aus Yorkshire schlug ein Buch auf und fing an, die Quoten zu singen, aber niemand schenkte ihm Beachtung. Der schwer verletzte Hunne flüchtete in einen zerstörten Hühnerstall. Lionel Trelawney riss eine Handvoll einer zerstörten Mauer ein und bombardierte ihn mit einem Schauer von Ziegelsteinen aus der Mauer. Die Jagd ging wieder los, angefeuert von schrillem Jubel und Pfiffen der Zuschauer.

Plötzlich wirbelten Bretter und Ziegelstaub auf und beide Läufer verschwanden.

„Untergetaucht, in einem Keller", riefen die Offiziersbrüder. „Oh, schau! Fritz kriecht heraus."

Das weiße, verängstigte Gesicht des Deutschen erschien auf dem Boden, dann wand er sich mit einem Ruck (begleitet von einem lauten Geräusch von zerreißendem Stoff) hoch und machte sich wieder auf den Weg. Eine Sekunde später war auch Lionel Trelawney auf den Beinen und schwenkte einen grauen Stofflappen in der Hand. „Molly hat ihm den Sitz aus der Hose gerissen", rief die Tribüne. „Ach, reiß ihn auf, Welpe!" „Guter alter Kragen und Manschetten!", riefen die Loamshire Atkinses im Chor.

Lionel Trelawney reagierte edel; er gewann einen Yard, zwei Yards, fünf, zehn. Der Hunne stolperte in eine Reihe von Himbeersträuchern, stolperte und wälzte sich im Schimmel. Trelawney fiel über ihn her wie ein Schotte über ein Drei-Penny-Stück, und sie rollten, einander umschlungen, außer Sichtweite.

Die Loamshires sprangen von ihren verrückten Sitzplätzen herunter und krümmten sich, um das Ziel zu sehen, geleitet vom Knurren, Grunzen, dem Krachen der Himbeerstöcke und den himmelhoch geschleuderten Strahlen von Gartenschimmel. Sie kamen jedoch zu spät. Sie trafen auf den Sieger, der die Überreste der Besiegten eine Gasse hinauf zu ihnen trieb. Seine rehbraunen Hosen waren schwarz vor Schimmel, seine wohlgeformte Tunika war in Streifen zerfetzt; sein glattes Haar sah aus wie ein Vogelnest; seine Nase zeigte nach Steuerbord; ein Auge wölbte sich wie ein geschlossenes Erkerfenster; sein Brillenglas war es nicht. Aber das Erstaunliche daran war, dass es ihn anscheinend nicht störte; Er strahlte tatsächlich, und mit einem fröhlichen Ruf an seine Freunde – „Fröhlicher kleiner Flitzer – eh, was?" – ließ er sein Souvenir ein paar Meter weiter fallen und rief: „Das wird dir beibringen, wie man Suppe darüber schüttet." mein Hemd, du unhöflicher Kerl!"

„Suppe über die Hemdbrust!" plapperten die Loamshires. "Worüber redest du?"

„Wovon reden?", sagte Lionel Trelawney. „Dieser Erzraufbold war früher Kellner bei Claritz und hat mir vor drei Jahren eines Abends meine Klamotten vollgeschmiert – das hat mich furchtbar geärgert."

XXXIV

Die Sprengfalle

Als großzügiger Feind, als Seele der Ritterlichkeit, bin ich immer bereit zuzugeben, dass der Boche viele gute Seiten hat. Zum Beispiel ist er – äh – äh – na ja, mir fällt im Moment gerade kein besonders guter Punkt ein. Andererseits muss man zugeben, dass er auch seine schlechten Seiten hat, und eine davon ist, dass er Erfolg nicht ertragen kann; er ist der schlechteste Gewinner der Welt.

Niemals schafft er einen seiner „siegreichen Rückzüge", aber er muss den Effekt verderben, indem er alle möglichen kindischen Sprengfallen, Butterrutschen usw. zurücklässt, zum Ärger der fortschreitenden Besiegten, die eine … Gemütszustand, der einem an einer Damenschule normalerweise entgeht.

Die meisten seiner Schabernacks sind vom Typ „Fünfter November" und werden durch eine geschickte Anordnung von Federn, Drähten und Säure in einem kleinen Metallzylinder zur Explosion gebracht.

Sie öffnen eine Tür und das angrenzende Haus wird rundherum weggeblasen, sodass die Tür in Ihrer beschädigten Hand zurückbleibt. Sie treten auf ein Laufbrett; Da knallt etwas! und das Laufbrett erhebt sich und trifft dich, um eine Grenze zum Bein zu bilden – und so weiter, alle möglichen Ablenkungen.

Natürlich öffnen Sie nicht wirklich Türen und tänzeln auf Laufplanken; das ist nur das, was er (Jerry) in seinem einfachen Glauben vorstellt, dass Sie tun werden. In Wirklichkeit werden Erinnerungen an die Tage wach, als Sie als kleiner Junge in dunklen Gängen Stolperschnüre spannten und Wasserkrüge auf Türklinken balancierten; und Ihnen werden sofort alle elementaren Salontricks des Boche offenbart.

Vor nicht allzu langer Zeit unternahmen die Hunnen, die nach noch mehr unvergänglichen Lorbeeren dürsteten, ein plötzliches Meistermanöver nach Osten. Unser Amateurstab tappte sofort in die Falle, und als die Schlacht wieder begann, stellten wir fest, dass wir dreißig Kilometer näher an Deutschland gelockt worden waren.

Die Hunnen hatten uns nicht gerade ein angenehmes Plätzchen hinterlassen; die meisten Deckungen waren gesprengt worden, und es gab wie üblich großzügig Sprengfallen, die nur darauf warteten, gezündet zu werden. Wir jedoch suchten Schutz in den verschiedensten Löchern und Ecken, suchten nach „Souvenirs" und machten es uns so gemütlich wie möglich.

Als unser William allein auf einer dieser Souvenirexpeditionen unterwegs war, stieß er auf einen Häcksler, der im ehemaligen Stallhof eines ehemaligen Schlosses stand. Für eine berittene Einheit ist ein Häcksler ein unglaublich wertvoller Gegenstand. Für uns ist er das, was ein Fleischwolf für die sparsame Hausfrau ist.

Unser eigener Kutter befand sich beim Gepäck, meilenweit entfernt im hinteren Teil des Schiffes, und würde vermutlich auch dort bleiben.

William stieg von seinem Pferd und näherte sich dem Ding vorsichtig. Es handelte sich um einen Boche-Motor, offensichtlich recht neu und in ausgezeichnetem Zustand. Das war insgesamt zu schön, um wahr zu sein; Irgendwo muss es einen Haken geben. William zog sich zwanzig Meter zurück und schleuderte einen Ziegelstein darauf – zwei, drei, vier Ziegelsteine. Nichts ist passiert. Er näherte sich wieder, befestigte ein Ende eines kaputten Telefonkabels daran, zog sich hinter einen Trümmerhaufen zurück und zerrte daran.

Der Häcksler schwankte hin und her und fiel schließlich auf die Seite, ohne dass etwas Ungewöhnliches passierte. William wischte sich die Perlen von der Stirn und kam aus seiner Deckung. Darin war schließlich kein Haken. Es war eine absolut echte Schatzkammer. Der Kapitän tätschelte seinen Lockenkopf, sagte „Guter Junge“ und erhob ihn über alle anderen Subalternen. *Bon* – sehr *gut* !

Aber wie soll man es nach Hause bringen? Denn man kann keine ausgewachsenen Häcksler in den Hosentaschen herumtragen. Zum einen ruiniert es die Passform der Hose. Er muss sich ein Protze besorgen. Ja, aber wie?

Im Land wimmelte es von anderen Kavalleristen, die alle im Souvenirgeschäft tätig waren. Wenn er den Häcksler verließ, um eine Protze zu holen, würde einer von ihnen sie sich sicher schnappen. Wenn er dagegen wartete, bis eine Protze von selbst angetrabt kam, konnte er möglicherweise den Rest des Krieges warten. Protzen (GS Mule) sind keine Märchenkutschen.

Unser William war dagegen. Er steckte die Hände in die Taschen seiner Tunika und begann, auf und ab zu gehen, wobei er nach bestem Wissen und Gewissen nachdachte.

Als er seine rechte Hand in die Tasche steckte, stieß er auf einen harten Gegenstand. Als er ihn wieder herauszog, stellte er fest, dass es ein Geschenk seiner Mutter war. Williams Mutter glaubte, ihr Sohn liege die meiste Zeit verwundet und hungernd im Niemandsland und versorgte ihn deshalb großzügig mit typisch amerikanischem Essen, um ihn bei diesen Gelegenheiten zu stärken – eine Herde Bison in einer Lutschtablette, der Saft unzähliger Kühe in einer einzigen Kapsel. Dieses besondere Geschenk waren Pfefferminzbonbons (die garantiert wochenlang den Durst stillten). Aber es waren nicht die Pfefferminzbonbons, die Williams junge Fantasie anregten, sondern der Behälter, klein, zylindrisch aus Metall.

Seine Inspiration war zündend. Er legte die Dose unter den Häcksler, schnitt einen Meter Telefondraht ab, vergrub ein Ende in Pfefferminzbonbons, wickelte das andere um das Bein des Häckslers, stieg auf sein Pferd und ritt um sein Leben.

Als er eine Stunde später mit der Protze zurückkam, fand er drei Kavalleristen, zwei berittene Kanoniere und einen Transporter vor, die in einem respektvollen Radius um den Spreuschneider gruppiert waren und sich gegenseitig herausforderten, am Draht zu reißen.

Als William mutig vortrat und am Draht riss, warfen sie sich alle auf die Erde und bedeckten ihre Köpfe. Als nichts passierte und er kühl damit fortfuhr, den Cutter auf den Protektor zu laden, setzten sie sich alle wieder auf und nahmen es zur Kenntnis.

Als er die Dose aufhob und ihnen Pfefferminzbonbons anbot, bestiegen sie ihre Pferde und ritten davon.

XXXV

DIE PHANTOMARMEE

Ich kann durchaus glauben, dass der Krieg, wie er von unseren Vorfahren geführt wurde, ziemlich viel Spaß gemacht hat. Du kleidetest dich in Federn und Hardware – wie eine Mischung aus einem indischen Jagdhahn und einem Panzer – und bist auf einem Kutschpferd durch das Land gereist, hast deinen Balkonen die Hand geküsst und hast mit jedem fetten (und unbewaffneten) Bürger sehr viel Geld ausgegeben das ist nebenbei passiert.

Mit dem ersten Frost begab man sich in die Winterquartiere – das heißt, man begab sich in das bequemste Schloss und verbrachte die dunklen Monate damit, Kastanien am Kaminfeuer zu rösten, die Damen mit Witzen, Rätseln und Auswahlen auf dem Cembalo zu unterhalten und mit dem Narren im Schloss zu wetteifern Zusammensetzung von Limericks.

Der Waffenberuf war in jenen weiten Zeiten sowohl angenehm als auch gewinnbringend. Heutzutage ist es weder das eine noch das andere; Es ist eine trostlose *Mischung* aus Schlamm, Blut, Langeweile und Blue-Funk (ich spreche für mich selbst).

Doch selbst das elende Unglück, das es ist (oder war), hat seine pikanten Situationen, seine Höhepunkte hervorgebracht; und man schafft es, hier und da, hin und wieder ein verschmitztes Lächeln herauszuquetschen.

Ich habe den Klang der Argyll- und Sutherland-Schlachtpfeifen in den Borghese-Gärten gehört und einen Highlander gesehen, der den Schwerttanz tanzte, bevor er Rom applaudierte. Ich habe gesehen, wie die Liebeslocken eines Matinée-Idols mit Pferdeschermaschinen gestutzt wurden (weint, ihr Flappers von Suburbia!) und wie ein königlicher Akademiker einen Schweinestall tünchen wollte. Ich habe amerikanische Flieger mit Sporen, Royal Marines auf Pferden und einen freigeborenen Australier gesehen, der ein Kaninchen frisst. All diese Dinge habe ich gesehen.

Und ich habe in letzter Zeit viele schöne Momente erlebt, denn ich hatte das Glück, an der Spitze der Jagd zu stehen, die den unaussprechlichen Boche aus einem breiten Streifen Frankreichs und Belgiens vertrieben hat, und die Erinnerung an den Empfang, den uns, den ersten Briten, die befreiten Einwohner bereiteten, wird uns bis zum letzten „Licht aus" erhalten bleiben. Das Verfahren war praktisch die ganze Zeit über dasselbe.

Von der Vorderseite eines Dorfes kam wildes Gewehrfeuer; dann, als wir uns auf die Flanke zubewegten, huschten etwa ein Dutzend blau gekleideter Ulanen aus dem Hinterland hervor und verschwanden in einem unaufhaltsamen Galopp nach Hause. Im Nu war die Straße voller Menschen, die aus Häusern und Kellern strömten, sich um uns drängten, Hände schüttelten, uns und sogar unsere Pferde küssten, uns mit Blumen überhäuften, „ *Vivent les Anglais!* “, „ *Vive la France!* “ riefen, lärmten, lachten, weinten und waren verrückt vor Freude.

Großmütter erschienen an Dachfenstern und schwenkten Kattun-Trikolore (die sie vier lange Jahre lang versteckt hatten), während andere dreifarbige Handzettel anklebten – „ *Hommage à nos Libérateurs* “ , „Gottes Segen für Tommy“.

Doch so rührend und unterhaltsam das Ganze auch sein mochte, es ging hier nicht darum, den Krieg fortzusetzen; dieses „ *Embarras des Amis* “ rettete den Ulanen die Haut.

Außerdem kann ich zwar ein gewisses Maß an Umarmungen durch attraktive junge Dinger ertragen, aber die Begrüßungen ungeschorener alter Männer machen mir keinen Spaß. Und wenn Bürgermeister und Stadträte geschäftig wurden, rebellierte meine angeborene Bescheidenheit und ich riss mich los und nahm die Jagd wieder auf, mit meinem von den Ohren bis zur Kruppe mit Blumen geschmückten Ross, sodass ich eher wie ein wanderndes Treibhaus als wie ein armer Soldat aussah.

Zu gegebener Zeit kamen wir in die bedeutende Stadt X. Alles geschah wie zuvor. Als wir auf der einen Seite auftauchten, sprang der kühne Ulane auf der anderen Seite hervor, und die Stadtbewohner überschwemmten die Straßen. Ich wurde aus dem Sattel gezerrt, geküsst, gepumpt und angefeuert, während mein verwirrtes Pferd zur Seite geführt und mit rosa Rosen geschmückt wurde. An jedem Fenster erschienen Trikolore; Begrüßungsflugblätter wurden per Rundfunk verteilt. Der Bürgermeister und die Gesellschaft trafen im Doppelpack ein, und wir kämpften einige Augenblicke miteinander, während sie mich mit ihren Stoppelbärten aufpeitschten. Als die ersten Ekstasen etwas nachgelassen hatten, versammelte ich meine Truppe und bereitete mich auf den erneuten Vormarsch vor.

„Wohin?“ fragte der Bürgermeister, ein guter alter Veteran, der zwei Medaillen von 1870 und das Band der Legion trug.

„An Z.“, sagte ich.

„ *Ecoutez, donc* “, warnte er. „Sie warten dort in großer Zahl auf Sie, mit Maschinengewehren und Kanonen.“

Ich deutete an, dass ich trotzdem unbedingt einen Blick darauf werfen müsse, und so ritt ich aus der Stadt, begleitet von der riesigen Menschenmenge, die uns bis zum Stadtrand begleitete, jubelnd, Ratschläge, Warnungen und

Segensrufe rief. Als wir Z. sahen, warfen wir unsere Blumensträuße ab und verließen die Straße ins Freie, um uns auf der Suche nach Ärger vorwärtszubewegen.

Es kam. Ein Dutzend Pip-Quieks schrillten über ihnen und forderten bei einigen benachbarten Kohlköpfen beträchtliche Verluste, und kurz darauf eröffnete Gewehrfeuer aus den umliegenden Hütten. Ich drehte mich um und versuchte, eine Öffnung nach Norden zu schaffen, aber ein paar Maschinengewehre machten dieser Flanke sofort den Garaus. Ein weiterer Schwarm Pip-Quietscher wirbelte den Schimmel vor uns auf, und einige frische Gewehre und Maschinengewehre gesellten sich dazu. Insgesamt zu heiß.

Ich beschloss gerade, mein Bestes zu geben und in Deckung zu gehen, als plötzlich jegliches feindliche Feuer abgeschaltet wurde, und ein paar Minuten später sah ich leichte Geschütze auf Lastwagen, Maschinengewehre in Autos und Ulanen auf Pferden, wie alle aus dem Dorf stapften Straßen nach Osten.

Der Tag gehörte mir. Yip, Yip! Bonza! Skoo-kum! Hurroosh! Dennoch war ich richtig verwirrt, denn es war absurd anzunehmen, dass eine überwältigende Streitmacht schwerbewaffneter Hunnen durch eine Handvoll nicht unterstützter Kavallerie aus einer starken Position verdrängt werden konnte. Offensichtlich absurd!

Ich drehte mich um, und dabei fiel mein Blick auf die von Pappeln gesäumte Landstraße von X. und mir wurde klar. Entlang der Straße strömten die Horden einer vorrückenden Armee, die in etwas unregelmäßiger Kolonne mit wehenden Bannern vorrückte. Die Spitze der Kolonne war keine Meile entfernt. Die Infanterie muss mir auf den Fersen sein, dachte ich. Ein tapferer Marsch! Ich griff nach meinem Fernglas, sah mich lange um und brüllte vor Lachen. Es war überhaupt nicht die Infanterie; es war die befreite Bevölkerung von X., angeführt vom Bürgermeister und der Stadtverwaltung, die herausgekommen war, um sich den Spaß anzusehen, die *Großmütter* und *Großväter*, die Mädchen und Jungen, die Hunde und Babys, die marschierten, humpelten, hüpften, über das Pflaster tapsten, ihre Kattuntrikolore schwenkten und die *Marseillaise sangen* . Ich dachte an den Boche, der mit Gottesfurcht in der Seele nach Osten floh, und rollte mich freudetrunken in meinem Sattel herum.